De la divina providencia. O sea naturaleza universal, o natura naturante. Tratado theologico, dividido en dos dialogos, ... Segunda edicion corregida.

David Nieto

ECCO
PRINT EDITIONS

De la divina providencia. O sea naturaleza universal, o natura naturante. Tratado theologico, dividido en dos dialogos, ... Segunda edicion corregida.
Nieto, David
ESTCID: T095301
Reproduction from British Library
Anonymous. By David ben Phinehas Nieto. Contains also the 'Decision del .. Zevi Asquenazi' with a separate titlepage dated 5472[1712], 'Copia da carta escrita ao Senhor H. H. Zevi', and 'Respuesta del .. Zevi Asquenazi .. Segunda edicion', 5472 [1712].
Londres, 5476 [i.e. 1716].
[2],9,[3],176,[2];[6],6,[2];[28]p. ; 8°

ECCO

Eighteenth Century Collections Online Print Editions

Gale ECCO Print Editions

Relive history with *Eighteenth Century Collections Online*, now available in print for the independent historian and collector. This series includes the most significant English-language and foreign-language works printed in Great Britain during the eighteenth century, and is organized in seven different subject areas including literature and language; medicine, science, and technology; and religion and philosophy. The collection also includes thousands of important works from the Americas.

The eighteenth century has been called "The Age of Enlightenment." It was a period of rapid advance in print culture and publishing, in world exploration, and in the rapid growth of science and technology – all of which had a profound impact on the political and cultural landscape. At the end of the century the American Revolution, French Revolution and Industrial Revolution, perhaps three of the most significant events in modern history, set in motion developments that eventually dominated world political, economic, and social life.

In a groundbreaking effort, Gale initiated a revolution of its own: digitization of epic proportions to preserve these invaluable works in the largest online archive of its kind. Contributions from major world libraries constitute over 175,000 original printed works. Scanned images of the actual pages, rather than transcriptions, recreate the works ***as they first appeared.***

Now for the first time, these high-quality digital scans of original works are available via print-on-demand, making them readily accessible to libraries, students, independent scholars, and readers of all ages.

For our initial release we have created seven robust collections to form one the world's most comprehensive catalogs of 18th century works.

Initial Gale ECCO Print Editions collections include:

History and Geography
Rich in titles on English life and social history, this collection spans the world as it was known to eighteenth-century historians and explorers. Titles include a wealth of travel accounts and diaries, histories of nations from throughout the world, and maps and charts of a world that was still being discovered. Students of the War of American Independence will find fascinating accounts from the British side of conflict.

Social Science
Delve into what it was like to live during the eighteenth century by reading the first-hand accounts of everyday people, including city dwellers and farmers, businessmen and bankers, artisans and merchants, artists and their patrons, politicians and their constituents. Original texts make the American, French, and Industrial revolutions vividly contemporary.

Medicine, Science and Technology
Medical theory and practice of the 1700s developed rapidly, as is evidenced by the extensive collection, which includes descriptions of diseases, their conditions, and treatments. Books on science and technology, agriculture, military technology, natural philosophy, even cookbooks, are all contained here.

Literature and Language
Western literary study flows out of eighteenth-century works by Alexander Pope, Daniel Defoe, Henry Fielding, Frances Burney, Denis Diderot, Johann Gottfried Herder, Johann Wolfgang von Goethe, and others. Experience the birth of the modern novel, or compare the development of language using dictionaries and grammar discourses.

Religion and Philosophy
The Age of Enlightenment profoundly enriched religious and philosophical understanding and continues to influence present-day thinking. Works collected here include masterpieces by David Hume, Immanuel Kant, and Jean-Jacques Rousseau, as well as religious sermons and moral debates on the issues of the day, such as the slave trade. The Age of Reason saw conflict between Protestantism and Catholicism transformed into one between faith and logic -- a debate that continues in the twenty-first century.

Law and Reference
This collection reveals the history of English common law and Empire law in a vastly changing world of British expansion. Dominating the legal field is the *Commentaries of the Law of England* by Sir William Blackstone, which first appeared in 1765. Reference works such as almanacs and catalogues continue to educate us by revealing the day-to-day workings of society.

Fine Arts
The eighteenth-century fascination with Greek and Roman antiquity followed the systematic excavation of the ruins at Pompeii and Herculaneum in southern Italy; and after 1750 a neoclassical style dominated all artistic fields. The titles here trace developments in mostly English-language works on painting, sculpture, architecture, music, theater, and other disciplines. Instructional works on musical instruments, catalogs of art objects, comic operas, and more are also included.

DE LA
DIVINA PROVIDENCIA.
O SEA
Naturaleza Univerſal,
O
Natura Naturante.
TRATADO THEOLOGICO,

Dividido en dos DIALOGOS,

Enlos quales, ſe prueva la identidad deſtos Terminos, autenticada con Autoridades dela Sagrada Biblia, del Talmud, Zohar, y Medraſſim, y confirmada con irrefragables razones, deduzidas delas miſmas Autoridades.

Segunda Edicion corregida.

En LONDRES. 5476:

Relacion del Caſo de

Jehoſuah Zarfatti.

HAVIENDO procurado lo poſſible omitir el publicar las Razones que tengo de mi parte y Juſticia, en el caſo que es notorio alos Señores yehidim deſte K. K. aun que fue en mi detrimento, como las coſas han llegado a intolerables terminos, me llama la obligacion de Judio a manifeſtar mi Cauſa, para que ya que no me hazen Juſticia los Señore, les toca, juzguen deſte Caſo todos los hombres Judios temeroſos de Dios, y amantes la Verdad, a quien la Dedico, suplicando a Dios poderoſo ſe ſirua fauorecerme, o caſtigarme, ſino la digo en lo que relato.

En 6 de Adar Segundo proximo passado, casando el Señhor *David de Avila*, Como convidado, me hallè en la entrada de su casa, y viniendo a la misma funcion el Señor *Mosseh de Medina*, me preguntò, quien estava en el aposento? Respondi, que diversos Señores, y el Señor *H. H. R.* David Nieto, y que no se me dava de entrar, y preguntandome, que tenia con el Señor *H.H*? Respondi, que no queria estar donde aun Naturalista, a lo que dicho Señor *Medina* replicó, si yo sabia lo que era Naturalista? Respondi, que esse nombre daria yo; a quien dezia que Dios, y Naturaleza era todo uno: de lo que dicho Señor fue a delatar de mi a los *Senores* del *Mahamad*; los quales fueron seruidos mandarme llamar, a donde, acriminando mis palabras, les Respondi, que yo no hazia más que repetir, lo que el Señor *H. H.* auia dicho en Tebáh Publica, a lo qual Replicarón, que ni el Señor *H. H.* queria dezir lo que yo entendia, ni que yo era Capaz de determinarlo, a lo primero, Respondi, que se siruiessen mandar llamar a dicho Señor *H. H.* para que me lo diesse a entender, O ventilasse con migo, a que Respondieron dichos Señores, que no querian, pero que fuesse yo a Casa de dicho Señor *H. H.* Respondi que iria, como mandassen dichos Señores algun hombre de Ley Con migo, para que sirviesse de testigo delo que entre nos passaua; nombrè como Persona Benemerita y Capaz Como es, el Señor *Jehoshua Gomes Serra*, Negossseme, diziendo, que ellos no lo havian de embiar, para lo segundo dixe, pues que se escusavan deste medio, que fuessen servidos de mandar preguntar a qual quiera delas Kehilot de Israel, para lo que pondria en sus manos Cien *Livras Esterlinas*, si me condenassen que las haria Kodes, tambien en esto se me rehuzó, diziendo que era menos-cabo del Señor *H. H.* y que ellos estauan satisfechos, y insistiendo yo mas, me Respondieron que lo considerarian y me llamarian, y sin mas boluerme á llamar, usaron con migo, lo que con ninguno hasta agora; y fue el publicar en la Tebáh, que no entrasse en la Esnoga hasta dar yo satisfaccion a los Señores del *Mahamad*, sobre lo que he dicho contra el Señor *H. H.* Despues bolvi al *Mahamad*, pidiendo a los Señores Parnassim la satisfaccion que pretendian; dixeronme que fuesse a pedir perdon al Señor *H. H.* a lo que alegay que provandome en lo que le hauia ofendido seguiria su orden, pues no constaua que yo hablasse contra su persona, mas sy contra su Doctrina, y Representandoles la sin razon de prohibirme la Esnoga, (para

 cuya

cuya fabrica contribuy como los dema el Señor *Parnas Jahacob Gonzales* me dixo como queria ir à ella, siendo no queria yo entrar debaxo de texado donde dicho *H. H.* estaua? Confiesso, que la passion me obligò dezir, que el Sebo cayendo en atuendo Cas-ser, se baldaua con sessenta, y acudiendo el Señor *Jahacob Haim Gabay*, con el Verso, y amaràs a tu Compañero como tu, no ne-negarè el haverle Respondido, que se enten-dia en quien confessava la unidad de Dios, pero no en quien lo ygualò a la Naturaleza; y con dezirme que yo no entendia lo que el Señor *H. H.* hauia dicho, y que yo In-terpretaua mal sus palabras, me despidie-ron; y lo que mas arduo me parecio, fue el no quedar intelligible lo que dicho Se-ñor *H. H.* havia predicado, lo qual omiti hasta agora, por que lo declaro abaxo en la peticion (que a cabo de dias me fue for-çoso presentar a los Señores del *Maha-mad*,) para que se recapacitassen en ella offreciendome a comprouarla; y haviendo-la tenido los Señores en su mano algun ti-empo, se me boluiò (con la Respuesta que adelante dirè) cuya copia es del tenor si-guiente.

Se-

Senores Parnassim y Gabay del K. K. de Sahar Hassamaim.

EN 23 de *Kisleu* año de 5464, que corresponde a 20 Noviembre estilo viejo, de 1703, en la *Perassa* de *Vaiesseb Jahacob*, dixo el Señor *H. H. R.* DAVID NIETO en su Sermon, la siguiente Doctrina.

Dizen, que he dicho en la Jessiuà, que Dios, y Naturaleza, y Naturaleza, y Dios es todo uno; Digo, que assi lo dixe, lo affirmo, y lo provarè; pues el Rey Dauid lo confirma en el Psalmo 147. Cantad a. A. con manifestacion, El que cubre cielos con nuves; el que apareja a la tierra lluvia; el que haze produzir a montes yerua, &c. Pero es menester saber (Atencion Judios, por que es el principal punto de nuestra Religion) que este nombre de *Tebah*, Naturaleza, es inuentado por nuestros Authores modernos, de 400. a 500. años a esta parte, pues no se halla en nuestros Sabios antiguos, si no que Dios Bendito haze soplar el viento, Dios haze baxar la lluvia, y Dios haze bolar el rocio; de donde se infiere, que Dios haze todo aquello que los modernos llaman Naturaleza, de manera que, Naturaleza no hay: y assi aquello que es Providencia que

llaman

llaman *Tebah*, Naturaleza, es lo que dixe, que Dios, y Naturaleza, y Naturaleza, y Dios es todo uno, Esta Doctrina es Devota, Pia, y Santa, y los que no la creyeren, ellos son Hereges, y ellos son Atheistas, ——— Esto es lo contenido de su Doctrina, que siendo necessario lo provarè.

Siendo publica esta Doctrina, repitiendola yo, como el la hauia Predicado, sintiendo mal de ella, por las muchas malas consequencias que della se seguian, se delatò delante Vm's, a donde fuy llamado, y proponiendo mi descargo, protestando que mostrandose esta Doctrina verificada por los Señores *Hahamim*, estava prompto a dar toda satisfaccion que a Vm's pareciesse, no hallè despacho, antes fuy condenado en dinero, y pedir perdon a dicho Señor *H. H.* lo que me parecio no devia hazer por el profanamiento del Nombre de Dios, que hazia quando fuesse mala dicha Doctrina, y me he' estado fuera dela *Esnoga* hasta agora con bastante *Dolor* mio.

Oy hà venido a mi noticia, que dicho Señor *H. H.* ha presentado por escrito a Vm's dichas proposiciones prouadas con muchissimas razones dela Sagrada Ley,

y

y verificadas por los Señores *Habamim* de *Amsterdam*, y siendo yo *Judio* que deseo seguir la Verdad, y no condenar mi *Alma*, y amo la Paz deste K. K. y que enél aya una perfecta Union, es justo y razon que Vm's me den la copia de dicho papel, para que con el, siendo conforme a lo arriba dicho, pueda boluerme, y cumplir en todo lo que Vm's me han ordenado y ordenarán; y quando dicho papel no satisfaga, o no sea conforme a la Doctrina predicada, pueda yo redarguirlo, y con maduro consejo puedan Vm's, desengañar al Pueblo, y unir los animos, en los pareceres tan contrarios, que cierto abraçaran en materia de tanta consequencia, y encaminarnos en los caminos de la Ley verdadera.

Pido Justicia, y que Vm's me la hagan como refiero, para que no tenga ocasion de procurar el desengaño delo referido en otra parte, que sera forçoso lo haga en falta dello, para sossegar mi animo inquieto.— Dios los Prospere, y Augmente para su Santo Seruicio, *Amen.*

Londres, a 6 de Menahem 5464.

Que despacho (preguntará el Zeloso Lector) tuvo esta peticion? Me averguenço de dezirlo, pero me es forçoso. —— Salió el Señor *Parnas Jahacob Nunes Miranda* con dicha peticion enla mano, y entregandomela, me dixo fuesse al Señor H. H. que me Satisfaria, a lo que respondi, que si èl era parte, y sus mercedes Juezes en este K. K, como me embiavan a la misma parte, para que fuesse Juez de su Causa? y no queriendome oyr mas, me dixo que yo no era yâ yahid deste K. K. respeto de que yo me havia despedido de yahid, siendo que jamas me despedi dela *Esnoga*, (Pues como dixe, tengo en ella tanta parte como los demás.) y con esto se recogió dicho Señor.

Considerese agora, si tengo razon de quexarme, Pues todos mis requerimientos fueron remetidos a la misma parte, y quando a los Señores del Mahamad fuera a requerir qual quiera Judio, aunque no fuesse yahid deste K. K. se le devian deferir o no, si le auian de hazer Justicia o no, y en materia de tanta consideracion, quando por nuestros pecados no tenemos *Beth Din* a quien Recurrir, pero si me han faltado con la Justicia por la honra del dicho Señor H. H. haviendo yo salido por la de mi Dios, espero en el saldrà diâ por ſu Cauſa, y la den a conocer todos los Señores *Hahamim, y Rabanim* delas *Kehilot, Kedoſoth*, a cuyas manos llegare eſte papel, por lo que ſe afirmarâ en ellos lo que Dios promete por ſu Propheta diziendo que Mis honrantes honraré, y ſu Divina Mageſtad por ſu Miſericordia nos llegue el tiempo prometido por el Propheta *Ieſayahu* diziendo, Y haré boluer tus Juezes como enel Principio, *Amen, Veamen.*

Impreſſo por orden de A. B.

Benigno Lector.

ENel principio desta Obra, veras difusamente su MOTIVO, y OBJECTO. Enel Argumento de cada Dialogo, los Temas que se sustentan, y refutan. Enlas Acotaciones del Margen, el Extracto delas mas considerables Materias; Con esta amonestacion, se persuade el Autor, reduzir en un breve Epilogo, lo molesto de un Prologo, que suele ser enfadoso por dilatado.

Indice

INDICE
DE LOS
DIALOGOS.

Dialogo Primero.

Dialogo Segundo.

Dialogo

DIALOGO PRIMERO.

Enel qual se discute, si hay dos Naturalezas, Universal, y Particular? se refuta la Universal, y se concilian diversas sentencias, y Axiomas de nuestros Divinos Sabios, atinentes a este Problema.

REUBEN. SIMHON.

Simhon. POR cierto que es gran dicha la mia en haver-os hallado en un lugar tan poco frequentado, y tan segregado dela confusion dela Ciudad.

Reuben. No estimo yo en menos el gozar vuestra agradable compañia en

tan

tan apazible, y ameno parage.

Si. El tiempo, y el puesto nos solicitan a la contemplacion, y assi estimàra que se nos ofreciera algun Tema que fuera Divino, y agudo, para en un mismo tiempo recrear el entendimiento por lo agudo, y el alma por lo Divino.

Re. Aqui tenemos suficientes objetos, que nos pueden offrecer motivos para uno, y para otro, aqui tenemos delos Elementos, la Tierra, y la Agua, Delos mixtos los Vegetables, y Animales racionales, o irracionales, Delos Astros este hermoso, y resplandeciente Sol que nos alumbra, con que ponderando con atencion qualquiera destas criaturas, nos daràn abundante materia de admirar la imperscrutable Sapiencia del Criador, y el incomprehensible poder de su santissima Providencia.

La Naturaleza Universal govierna el Mundo.

Si. No solamente se deve admirar lo que apuntais: pero tambien es de ponderar la inmensa potencia de Dios, que diò facultad, y potestad a la Naturaleza de governarlo, y disponerlo todo con un metodo tan fixo, e inalterable, reservando solamente para si lo lo milagroso en la ocasion.

Re. Pareceme, si no me engaño, que atribuys a la Naturaleza, mucho mas delo que *se* le deve atribuir.

Si. Yo no le concedo mas delo que Pruevase.
Dios le concediò; pues por lo que consta del primer C. de la Genesis se vè que Dios concediò a la Tierra la facultad de produzir los Vegetables mandandolo *Que produxiesse hierua* תדשא הארץ דשא עשב David hablando de los Cielos y Astros dize חק נתן ולא יעבור *Que les diò un estatuto que no prevariquen.* Yrmihau Cap. 5. ver. 23. dize האותי לא תיראו נאם ה׳ אם מפני לא תחילו אשר שמתי חול גבול לים חק עולם ולא יעברנהו *Si a mi no temereis dicho de .A. que puse arena termino a la mar, estatuto de siempre que no lo passe.* En el Cap. 31. ver. 35. dize. כה אמר ה׳ נתן שמש לאור יומם חקת ירח וכוכבים לאור לילה רגע הים ויהמו גליו *Assi dixo .A. que dà Sol para luz del dia, estatutos de Luna, y estrellas para luz de noche, partien la mar, y ruièn sus olas.* Los Sabios dizen

en

en ע'ז *Que el mundo sigue su curso.* מ'ק פ'ג דף כ"ה en עולם כמנהגו נוהג אמר רבא בני חיי ומזוני לאו בזכותא תליא מילתא אלא במזלא תליא מילתא *Dize Rava, que hijos, vida, y sustento, no dependen del merecimiento, si nò del Planeta.* En Sabat אתמר א'ר חנינא מזל מחכים מזל מעשיר ויש מזל לישראל *Dize R. Haninà que el Planeta influie sciencia, que influie riqueza, y que Israel tiene Planeta*, Por todas estas autoridades alegadas, y otras muchas que pudiera alegar, tanto de nuestra santa Ley, que de nuestros divinos Sabios, clara, y evidentemente consta, que hay Naturaleza, y que esta tiene facultad de Governar el Mundo quotidianamente, excepto en ocasion de milagro, que esse lo haze Dios.

Re. Ya tenemos una dilatada question, en que entretener la tarde.

Si. Sino hay otra question que esta, yo os asseguro que no tenemos empleo, por que sobre este Tema, no hay mas que dezir delo que he dicho.

Re. Estais mui engañado, pues yo sigo una opinion diametralmente opuesta a la vuestra.

Si. Explicad-os.

Re. Asaber, yo creo que no hay Naturaleza Vniversal, y lo que dizen que haze esta Naturaleza Vniversal, lo haze Dios mediante su divina Providencia.

No hay otra Naturaleza Universal, sino es la Providencia divina.

Si. Assi lo entiende nuestro Haham, assi lo ha dicho en la Jessiuá, y assi lo ha predicado.

Re. Y assi lo creo yo, ni mas ni menos. Pero estimàra saber que repugnancia hallais en essa opinion?

Si. Ponderandola bien, nacen della dos consequencias muy perjudiciales, y contrarias a la verdad.

Re. A mucho vos arojays, pero quales son estas consequencias?

Si, La primera es, que segun essa sentencia, siguese forçosamente, que todas las criaturas son Dios, los Cielos, los Astros, los Elementos, y los Mixtos, por que qualquiera destos tiene Naturaleza. La segunda es, que si Dios con su Providencia haze todo lo que dizen que haze la Naturaleza, se sigue que no puede haver milagro, por que si Dios

Consequencias escandalosas que nacen de negar dicha Naturaleza.

obra lo natural, y Dios similmente obra lo milagroso, no havrá distincion entre lo milagroso alo natural, y assi es fuerça dezir que haiga una Naturaleza criada de quien procede todo, y dessa manera no implica lo milagroso, por que dezimos entonces, que lo natural procede dela Naturaleza, que es criatura, y lo milagroso de Dios, que es el Criador.

Re. Segun esso, no pueden darse milagros sino es en vuestra hypotesis?

Si. Sin duda.

Re. Tengo muy bien comprehendido vuestro Sistema, pero antes de entrar a ventilarlo, alegad lo mas que teneis que alegar en vuestro favor, que despues yo alegaré lo que hallo en mi aboño.

Si. Lo que corrobora mi opinon, ademas delo provado es, el Maamar דב״ר פ״ה trahido por el H. enel Sermon, que sigue.

א״ר יוחנן תנאים התנה הק״בה עם הים שיהא נקרע לפני ישראל הה״ד וישב הים וגו׳ לאיתנו לתנאים שהתנה עמו אמר רבי ירמיה בן אלעזר לא עם הים בלבד התנה הק״בה אלא עם כל מה שנברא בששת ימי

בראשית

בראשית הה'ד אני ידי נטו שמים וכל צבאם
צויתי מידי נטו שמים כל צבאם צויתי :
צויתי את הים שיהא נקרע לפני ישראל
צויתי את השמים ואת הארץ שישתקו לפני
משה שנ' האזינו השמים וגו' : צויתי את
השמש ואת הירח שיעמדו לפני יהושע שנ'
שמש בגבעון דום : צויתי את העורבים
שיכלכלו את אליהו שנ' והעורבים מביאים
לו וגו' : צויתי את האור שלא תזיק לחנניה
מישאל ועזריה : צויתי את האריות שלא
יזיקו לדניאל : צויתי את השמים שיפתחו
לקול יחזקאל שנ' נפתחו השמים : צויתי
את הדג שיקא את יונה שנ' ויאמר ה' לדג
ויקא את יונה :

Dize R. Johanan, Dios hizo partidos con la Mar que ſe abriera para Iſrael, como dize el verſo, y bolvio la Mar a horas de tarde a ſu fortaleza, quiere dezir, a ſu partido que hizo con èl. Dize R. Yrmiáh hijo de Elhazàr, no con la mar ſolamente hizo Dios partidos, mas tambien con todo lo que criò en los ſeis primeros dias, que aſſi dize el verſo, yo mis manos tendieron Cielos, y todo ſu exercito encomendè

mendè. Desde, que mis manos tendieron Cielos, a todo su exercito encomendè. Mandè a la Mar que se abriesse para Israel. A los Cielos, y a la Tierra, que callassen delante Jeosuah, como dize el verso, Sol en Guibbon calla. Alos Cuervos que sustentassen a Eliau, Al Fuego que no ofendiesse a Ḥananiá, Missael, y Hazariá. Alos Leones que no hiziessen daño a Daniel, y finalmente alla Ballena que vomitasse á Joná.

Deste Maamar pues patentemente se colige, que Dios dexó ala Naturaleza el peso, y cuidado de gouernar el mundo, reservandose solo el alterarla en ocasion de milagro; y que sea verdad que la Naturaleza govierna, infierese de ver que Dios hizo partidos, o conciertos con ella; que a no ser assi, eran inutiles los partidos, superfluos los conciertos.

Re. Teneis mas que alegar?

Si. En el Tratado de Hābodá Zará ra Cap. 4. fol. 54. pag. 2. se lee.

ת״ר שאלו פילוסופים את הזקנים ברומי אם
אלהיכם אין רצונו בע״ז מפני מה אינו מבטלה
א״ל אלו לדבר שאין העולם צורך לו היו
עובדים הרי הוא מבטלה הרי הן עובדים
לחמה וללבנה לכוכבים ולמזלות יא:בד

עולמו מפני השוטים אלא עולם כמנהגו
נוהג ושוטים שקלקלו עתידים ליתן את
הדין ד״א הרי שגזל סאה של חטים וזרעה
בקרקע דין הוא שלא תצמח אלא עולם
כמנהגו נוהג והולך ושוטים שקלקלו
עתידין ליתן את הדין ד״א הרי שבא על
אשת איש דין הוא שלא תתעבר אלא עולם
כמנהגו נוהג ושוטים שקלקלו עתידין ליתן
את הדין:

Preguntaron los Philoſophos a nueſtros Viejos en Roma, Si Dios aborrece la Idolatria, por que no la deſtruie? Reſpondieron; Si ſirvieſſen a una coſa no neceſſaria al Mundó, es cierto que la deſtruiera; pero como ſirven al Sol, ala Luna, alos Aſtros, y alos Signos, no quiere deſtruir ſu Mundo por los locos, mas el Mundo va ſiguiendo ſu curſo, y los locos que pecaron darán quenta de ſus acciones. Otro Declaro. Quandó un hombre hurta una medida de trigo, y la ſiembra, no devia nacer, pero el Mundo ſigue ſu curſo, y los locos, &c, La Muger no deviera concebir de Adulterio, pero el Mundo ſigue ſu curſo, y los locos, &c.

D :e

Deſte ſegundo Maamar, ſe colige lo miſmo que del primero, aſaber, que el Mundo ſigue el curſo, que Dios le ſeñalò deſde el principio de ſu Criacion, que es la Naturaleza, que tengo dicho.

Re. Antes de entrar enel Tema, para evitar equivocos, paraceme acertado, que me ſeñaleis la definicion dela Naturaleza.

Si. Naturaleza ſon los quatro Elementos.

Re. Siguefe luego, que los Cielos, los Aſtros, y los Mixtos, que ſon Minerales, y Vegetables, Racionales, e Iracionales, que no ſon Elementos, no ſon Naturales.

Si. Serà el nacer.

Re Segun eſſo, ſolo lo que ſe conſerva en eſpecie, ſerà Natural, por que nace; pero lo que ſe conſerva individualmente, como el Cielo, y los Aſtros, la Tierra, y la Mar, no ſerán Naturales?

Si. Yo no ſóy obligado aſaber lo que es Naturaleza, por que no ſoy Philoſopho.

Re. El H.H. que habló dela Naturaleza es Philoſopho, o no?

Si.

Si. Es Philosopho.

Re. Y que colegis de su tema, que la Naturaleza no govierna, y que Dios es quien lo govierna todo con su Providencia.

Si. Quiso dezir, que el Fuego es Dios, el Agua es Dios, y por fin todas las Criaturas son Dios.

Re. Si el H. H. es Philosopho, es fuerça que sepa lo que significa el nombre Naturaleza; vos no lo sois, ni sabeis lo que significa, por lo que vos mismo confesasteis, como pues os arrojais arguir contra vn termino, cuia significacion no entendeis? como sacais las consequencias sin entender las premissas? como finalmente concluis, que de sus palavras se infiere que todas las Criaturas son Dios? como quereis persuadir a nadie, que un hombre no dirè sólo versado en Sciencias Divinas, y Humanas, mas solamente racional, afirmára en una publica Yessivà, y en un solemne Sermon, que las Yervas son Dios, el Agua es Dios, el Fuego es Dios? *&c.* como no considerais, que esto es bastante para hazervos juzgar ridiculo, o malicioso? por que quien hade creer que vn Judio crea

crea lo que no creieron los mas ciegos Gentiles antiguos, ni los Barbaros Idolatras modernos del Asia, y del America?

Si, Yo lo deduzi, y otros con migo tambien.

Re. Nadie podia, tal deduzir, como vos provaré despues. Pero vos con vuestras cavilaciones inferis, e interpretais assi, quando todo el Kahal oyò la verdad, e infiriò la verdad, quedando juntamente satisfecho, y edificado.

Si. Yà os dixe que no soy Philosopho.

Re. Para sacar consequencias, no es necesario ser Philosopho, basta ser Logico.

Si. Yo no soy tampoco Logico.

Re, No digais esso, por que vale lo mismo que dezir, no soy racional.

Si, Luego el que no es Logico, no es racional?

Logica, y su difinicion; se divide en Natural, y Artificial.

Re. Infaliblemente, por que la Logica es una sciencia racional, que dirige las acciones del entendimiento; Esta se divide en Natural, y Artificial; la Artificial es la que se aprehende

hende en las escuelas, y essa no se alcança sino por estudio, la Natural todos los hombres la posseen, y assi todos son naturalmente Logicos, siguese luego, que negando vos ser Logico, es lo mismo, que si negarais ser Racional.

Pero dexando estas questiones, como vos sacais consequencias delas palavras agenas, quiero yo tambien sacarlas delas vuestras. Bien sabeis, que la maquina que llamamos Mundo, se compone de Cielos, y Astros, de Mar, y Tierra, con todo lo que en ellos se contiene.

Si. Assi es.

Re. Vos afirmasteis, que la Naturaleza govierna el Mundo, le asignasteis de mas a mas dos definiciones, en la primera dixisteis ser los quatro Elementos, en la segunda el Nacer, no fue esto lo que dixisteis?

Si. Esso dixe, no lo niego.

Re. Reparad agora las contradicciones, implicaciones, absurdos, e impropriedades, que nacen destas vuestras antecedentes. Los quatro Elementos son Tierra, Agua, Aire, y Fuego, y segun vuestra primera defini- Objeccion.

cion, essa es Naturaleza, y la Naturaleza govierna el Mundo en vuestra hypotesis, Ergo los quatro Elementos goviernan no solamente los mixtos que en ellos se contienen, mas tambien los Cielos, y los Astros. La segunda definicion afirma, que Naturaleza es el Nacer; Ergo el Nacer govierna el Mundo? En verdad que esta consequencia, ni la sè comprehender, ni la puedo explicar.

Si. Yo no comprehendo estas consequencias.

Re. Las comprehendo yo, y las comprehenderá tambien qualquier hombre discreto, reconociendolas por legitimas hijas de vuestras definiciones. Pero todavia hay otras tan legitimas, y al mismo tiempo mas prejudiciales, y perniciosas segun vuestros mismos principios; Vos assentais por axioma inconcussible, que si no hay Naturaleza, no puede haver Milagro.

Si. Esso es infalible.

Re. Segun este vuestro principio, entre las dos definiciones, se niegan todos los Milagros de la Ley, y se repugna a la autoridad de nuestro Talmud, y de nuestro Zohar.

Si

Si, חין Como assi?

Re. Agora agora lo confessareis. Por la primera definicion, donde dezis, que la Naturaleza son los quatro Elementos, negais el milagro de parar el Sol de Jeosuah, y el retroceder de Hizquiau, con otros muchos que por brevedad omito, tocando solamente los mas patentes, y los que la consequencia trahe sin extorsion, ni violencia. Por la segunda que es el Nacer, ademas de los dichos, negais casi todos los Milagros de nuestra santa Ley. Negais de mas a mas la autoridad del Talmud que vos mismo alegasteis contra mi, que es la sentencia de Havodá Zara, *Que el mundo sigue su curso* עולם כמנהגו נוהג y lo mismo dize el Zohar, (que sè teneis que arguir contra mi, pero allà nos veremos) en la Parasà de Toledot Ishac, *Que la Naturaleza del Mundo no se mudò.* טבעיה דעלמא לא אשתני Segun pues estas dos irrefragables autoridades, la Naturaleza esta en todo lo que es mundo, y no hay parte dél, que no sea natural, no en los quatro Elementos solamente, no enel solo Nacer, como suponeis en vuestras definiciones.

Si.

Si. Yo no tengo que responder a este modo de argumentos Philosophicos, y Logicos.

Deistas afirman la Naturaleza Universal governar el Mundo por si.

Re. Dezis bien, por que son Dilemas, que no tienen salida, ni admiten subterfugios, pero bolviendo a nuestro Tema, antes de mostrar-os la verdadera definicion deste nombre Naturaleza, es fuerça narrar el motivo que tuvo nuestro H.H. para pronunciar essa pia, y santa sentencia; Fue pues el caso, que hallandose en la Iessivá, dixo uno delos circunstantes, que havia una Secta llamada Deistas, la qual creia, que hay un solo Dios, pero que no se embaraça en el govierno del mundo, preguntó el H.H. pues quien rige, y quien govierna toda esta maquina, segun ellos? Respondieron dizen que la Naturaleza dirige, y govierna todo a su modo; a esso replicò el H.H. ser enorme heregia, y detestable blasphemia, por que no havia tal Naturaleza que govierna, y que essa Naturaleza que dezian que govierna, era Dios mediante su Providencia.

Si. Apunto essa es la proposicion censurada.

Re. Muy bien lo sé; pero para poner esta opinion en termino mas sig-

significativo diremos, que los Deistas entienden, que Dios dexò el govierno del Mundo en poder desta supuesta Naturaleza Universal, como un Principe que dexa el govierno de su Palacio, y Estado ala disposicion, direccion, y voluntad de vn Maiordomo, o Privado, sin que el Principe tome noticia, ni se embaraze en cosa chica, ni grande. No es esto lo que creen los Deistas, y lo que se dixo dellos enla Yssievà?

Si. Assi oy dezir.

Re. Segun esto, quien detestò entonces la opinion delos Deistas, no hablò dela Naturaleza Particular, como del Fuego, del Agua, dela Tierra, &c.

Si. Assi parece que devia ser.

Re. Ya cae pues vuestra consequencia, y vuestra censura; por que ni los Deistas entienden que la Naturaleza Particular de cada Criatura govierna, ni tal se representò entonces; con que, quien se opuso a essa opinion, no devia responder, ni oponerse a una cosa, de que no se tratava.

Si. Lo que passó en la Jessivà, no lo sè sino por relacion, por que no me

hallé

hallè presente; pero lo que yo mismo oy enel Sermon, fue, que no hay Naturaleza, y que lo que dizen que haze la Naturaleza, lo haze Dios.

Re. Assi es, lo dixo en la Jessivá, lo confirmó enel Sermon, y todavia ratifica, y afirma, que assi lo cree, y bien que teneis que dezir contra esso?

Si. Insisto en mis dos consequencias, a saber, que desso se infiere, que todas las Criaturas son Dios, como el Fuego, el Agua, &c. y que no haviendo Naturaleza, no puede haver Milagro.

Re. Si fuerais Logico vos respondiera en dos palavras, distinguiendo; No hay Naturaleza Vniversal que govierna, sino la Providencia de Dios, Concedo, No hay Naturaleza Particular del fuego, del agua, &c. Niego. Sin embargo para juntamente desengañarvos, y dilucidar bien este punto, repetiré las palavras del Sermon, con las pruevas que se alegaron entonces, para corroborar esta Hypotesis; por donde quedareis forçosamente convencido, que ni enel Sermon tan poco se habló de Naturaleza Particular en orden al govierno, y direccion del Mundo; Dixose pues que el nombre טבע *Thebah* que significa en nuestro sagrado ydioma, Naturaleza, fue inventado por nuestros Modernos despues de 500, ó 600 años, y mas precisamente despues que empeçaron a aplicarse a las Sciencias Humanas, y assi no se halla tal nombre en los libros anteriores a esse tiempo, como son la Biblia, Misnà, y Talmud.

El nombre Tebah inventado despues del Talmud.

Si. Como dezis tal? pues se halla en el Zohar, פ׳ תולדות יצחק דפוס לובלין דף פ״ב ע״א que dize, *Que la Naturaleza del mundo no se mudò.* טבעיה דעלמא לא אשתני sirviendose enel mismo paragrapho del nombre טבע *Tebah* tres vezes, y siendo el Zohar de R. Simhon Ben Yohay antiquissimo Tanà como sabeis, siguese que esse nombre lo huvo mucho antes delos 600. años que señalais, y en verdad, que no sê imaginar como podreis satisfazer a esta portentosa dificultad.

Obieccion.

Re. Muy facilmente, por que aunque el mismo R. Simhon Ben Yohay, o sus discipulos despues dèl, como escrive el Sefer Yuhasin, lo haigan compuesto enel principio delos 5000. años dela Criacion, no se descubrió

Resuelvese.

hasta

hasta despues dela muerte de Aramban y Arós, como afirma el mismo Sefer Yuhasin, que florecieron en los fines del 5000. y principios del 6000. Con que no son mas que circa 400. años, que se tiene noticia del Zohar, Sin embargo Arambam, y R. Semuel Aben Taban su contemporaneo, que vivieron circa 100. años antes que los dichos Aramban, y Arós, se sirvieron desta palabra *Tebah*, Aramban enel Cap. 4. Aphorismo 2. ה' יסודי תורה diziendo, que la Naturaleza del Fuego es caliente, y seca; R. Semuel Aben Tabon enel Morèh, que traduxo del Arabigo al Ebraico, se sirve dél inumerables vezes; No hallandose pues este nombre en la Biblia, ni enla Misná, ni enel Talmud, y no sabiendose todavia del Zohar, es fuerça que lo haigan inventado despues.

Si. Podrá ser.

No hay otra Naturaleza Universal, sino Dios,

Re. Bolviendo pues al Sermon, prosiguió diziendo, que lo que los hombres atribuien a la Naturaleza, David lo atribuie a Dios; Pues dize, *Que Dios cubre los Cielos con nuves*, no la Naturaleza, המכסה שמים בעבים *Que Dios*

Dios previene la lluvia para la Tierra. המכין לארץ מטר y finalmente, *Que Dios haze que los montes produzgan verua,* המצמיח הרים חציר Luego Dios tiene esta facultad en su poder, y no la traspassó a esta soñada Naturaleza Universal Governadora del Mundo. Esta mesma dotrina nos enseñan los Sabios en Kidusin, פ״א דף ל״ב ע״א diziendo, que *Dios haze soplar los vientos, haze subir las nuves, haze baxar la lluvia, haze produzir la tierra, y ordena la mesa delante cada uno*, Y quien repugna a esta verdad, o es tan idiota, que ignora que hay Providencia de Dios, o es tan herege, que no la cree. Es esto lo que se dixo enel Sermon ?

Si. Esto es sin duda.

Re. Aunque qualquier entendimiento por mediano que sea, pueda inferir desta relacion la insubsistencia de vuestras consequencias, quiero todavia provar-os por las mismas palavras concludente, e irrefragablemente, que enel Sermon, ni se habló, ni se tratò de Naturaleza Particular, y lo confessareis, si no quisiereis negar los primeros rudimentos dela Gramatica Ebraica; Supongo pues que ſepais, que el Nombre ſe conſidera como Agente, o Paciente, que llamamos a eſte פעול y a aquel. פועל Supongo tambien que ſabreis, que los Verbos ſon Tranſitivos, o Intranſitivos, que llamamos a eſtos, פועל עומד y a aquellos. פועל יוצא:

Si. Eſtoy muy bien en eſto.

Re. Los verbos מכסה מכין ומצמיח *Cubrir. Preparar, y Hazien florecer,* ſon Tranſitivos, o Intranſitivos?

Si. Tranſitivos, o יוצאים

Re. Diſcretamente. Examinemos agora los Participios Cubrien, Preparan, y Hazien florecer, מכסה מכין ומצמיח ſon tres Adiectivos, o שמות התאר del Nominativo Agente, o del פועל que eſtá enel verſo antes, זמרו לאלהינו בכנור *Salmead a nueſtro Diòs con Arpa*, y eſte nueſtro Dios es el que cubre, el que prepara, y el que haze florecer; los Pacientes, o פעולים deſte Agente, ſon los Cielos, la Lluvia, y los Montes; con que aqui teneis tres nombres diſtintos, y ſeparados;

rados; uno es el פועל o Agente, que cubre, otro es el פועל o Paciente, que es el Cielo, que padece la accion de ser cubierto, y otro finalmente la cosa, o instrumento con que Dios cubre, que son las Nuves; Del mismo modo, y con el mismo metodo deveis discurrir respectivamente, dela Lluvia, y dela Ierva.

Si. Todo esto es assi.

Re. Nombrandose pues aqui tres sugetos distintos, y separados, a saber Dios Agente, Cielo Paciente, y Nuves Instrumento o Medio; como se puede haver confundido enel Sermon el Agente con el Paciente? como puede ser que se haigan convertido uno en otro? como los puede haver identificado? como puede haver dicho, que Dios es Nuve, que Dios es Lluvia, y que Dios es Ierva? y consecutivamente, que Dios es Agua, es Fuego, es Tierra, es Sol, es Luna, es Estrellas? formando esta proposicion convertible, Las Criaturas son Dios, y Dios es sus Criaturas? Ademàs, que todo quanto se dixo enel Sermon, es Dotrina del insigne, e incomparable R. Jehudà Levi en su docto, pio, y erudito Cu-

Es Doctrina del Cuzari. zari, enel Tratado Primero, des del Paragrapho 69. hasta el 78, y assi lo entiende el H.H.R. Jahacob Abendana D. F. M. que fue Rab deste K. K. de Londres, el qual traduxo el Cuzari del Hebraico al Castellano, y lo paraphraseó muy sucinta, y doctamente, Mas para maiormente hazeros constar la verdad, os referire las formales palavras del Texto, y Comento.

69. Haber. *Con esta palavra tuya, no necessito de muchas razones para responderte; atribues tu esta sapiencia que se conosce (verbi gratia) en la criacion de la hormiga, a Esphera, o Planeta, o alguna otra cosa, fuera del Criador Omnipotente, que dà a cada cosa lo que le toca de derecho, sin acrecentamiento, ni diminuicion?*

70. Cuzary. *Esto se atribuye ala Naturaleea.*

71. Haber. *Que cosa es Naturaleza?*

72. Cuzary. *Es una Virtud, o Potencia, segun aprendemos de las sciencias, y no sabemos que cosa es, pero los Sabios (o Philosophos) lo saben sin duda.*

73. Haber. *Tanto ſaben della ellos, como nos, El Philoſopho la difine, que es el Principio, y la Cauſa, con la qual aquieta, y ſe mueve la coſa en que està Eſſencialmente, y no por Accidente.*

74. Cuzary. *Como ſi dixera, que la coſa que de ſi miſma ſe mueve, y de ſi miſma ſe aquieta, tiene alguna cauſa por la qual ſe mueve, y ſe aquieta, y eſſa cauſa es la Naturaleza.*

75. Haber. *Eſto es lo que quizo dezir, con grande puntualida, ſutileza, y diſtincion entre lo que ſe obra por Accidente, a lo que ſe obra por Naturaleza, y las palabras perturban los oyentes, pero lo que ſe reſume de lo que entienden por Naturaleza, es eſſo.*

76. Cuzary. *Si es anſi veo yo, que nos abuſaron con eſtos nombres, y nos hizieron igualar la Naturaleza con el Criador, quando dezimos, la Naturaleza es y Sapiente, Eficiente; y podremos venir a dezir Criante, ſegun las palabras dellos.*

77. Haber. *Es anſi, pero deves de advertir que los Elementos, el Sol, la Luna, y las Eſtrellas tienen operaciones, como el Calentar, Enfriar, Humedecer*

decer, y Secar, y las que dellas dependen, ſin que les atribuyamos Sapiencia, ſi no Miniſterio; pero la Formacion, y la Cantidad, y la Proſeminacion, y todo lo que tiene Sapiencia a intencion cierta, no ſe deve atribuyr, ſi no a Sabio, Omnipotente, y Proporcionante, y quien llamáre Naturaleza a eſtos que preparan la materia por Calor o Frialdad, no pecará, ſi apartàre dellos la Sapiencia, anſi como aparta del varon, y la muger la informacion del nacido por ſu ajuntamiento, pero ellos ayudan a la materia a recebir la forma humana, y la Forma procede del Formador Sapiente. Y ſiendo eſto anſi, no te parezca abſurdo, remoſtrarſe notas y veſtigios de coſas Divinas graves en eſte mundo inferior, ſi las materias fueren aptas para las recebir. Eſto es fundamento de la Fé, y el fundamento de la Rebelion.

Comento del H. Abendana.

69. *Con eſta palabra tuya.* Es lo que dixo que en todas las Criaturas deſte mundo inferior, ſe conoſce la admirable ſapiencia del Criador, y aun enel mas pequeno de los reptiles; y quiere moſtrar el Haber, como es coſa poſſible, y conforme al entendimiento, que ſe comunique Dios con los hombres, y ſe mueſtre en ellos veſtigios Divinos; por quanto eſta admirable ſapiencia que ſe conoſce en la formacion de las Criaturas,

ſe

ſe deve atribuyr ſolo a Dios y no a la Naturaleza; y anſi como Dios Bendito contribuye a cada Criatura la forma que le conviene, ſegun ſu diſpoſicion, anſi miſmo mueſtra veſtigios, y caſos Divinos enel pueblo que es capaz y diſpueſto para recebirlos, que ſon Yſrael, el Teſoro de todos los Pueblos

El H.H.R. Jehuda Moſcato en ſu docto, erudito, y eloquente comento ſobre el Cuzary Ebraico, dize claramente, que lo que llaman Naturaleza, no es mas que una Servidumbre, y Paſſion, como es el Calentar, y Enfriar, Secar, y Humedecer, Pero todo lo que denota formar, propocionar, y mueſtra ſapiencia, ſe deve atribuyr a Dios, y conclure diziendo, eſtas propias palabras. והצור תמים פעלו אין צייר כאהינו הוא הטבע האמתי הטיבע כל המטבעות בחותמו que quiere dezir, *Y el Fuerte cuia obra es perfecta, y que no hay Formador como èl*, ES LA VERDADERA NATURALEZA QUE IMPRIME TODAS LAS FORMAS CON SU SELLO. Cuzary Tratado 1. Parag. 69. Fol. 32. Colun. 4. Dios es la verdadera Naturaleza

Eſte Autor aun dize mucho mas que nueſtro H.H por que dize, que Dios es la verdadera Naturaleza. Luego nueſtro H.H. ni fue, ni es el primero que lo dixo, ni lo creió, y el Autor del

Senè

Senè Luhot Aberit enseña la misma Dotrina, aunque con diferentes terminos, en nombre del H.H.R. Ishac Haràma Autor de la haqueda, y de Rabenu Nissim, como se puede ver enel mismo Senè Luhot, Tratado de Pessahim Fol. 174. fin dela Pag. 2.

Si. Nadie dize que se dixo esso, sino que de sus palabras se puede colegir.

Re. Nadie coligio, ni puede colegir esso, sino fuere tan idiota que no pueda entender, o tan malicioso que no quiera entender.

Si. Puedese replicar a esso, que David habla enel verso precitado por Tierra Santa, a la qual Dios assiste con particular providencia, pero en lo demas del mundo digo, que la Naturaleza govierna todo; ella cubre los Cielos con Nuves, embia lluvia ala Tierra, y haze produzir la Yerva.

Re. Quando David dize enel Salmo 147. נותן לבהמה לחמה *Que Dios dà ala quatropea su sustento, a los hijos del Cuervo quando llaman*, Quando dize enel Psalmo 104. זה הים גדול ורחב ידים שם רמש ואין מספר

מספר חיות קטנות עם גדולות כלם
אליך ישברון לתת אכלם בעתו תתן להם
ילקטון תפתח ידך ישבעון טוב *Que en la mar amplia, y dilatada, hay inumerables animales, inſectos, y reptiles, grandes, y pequenos, que todos eſperan a ti para que les des ſu comida en ſu hora, Se la das, y la cogen, abres tu mano, y ſe hartan de bien?* Quando dize enel Pſalmo 136. נותן לחם לכל בשר כי לעולם חסדו *Dan pan atoda Criatura, que para ſiempre ſu merced?* Quando dize enel Pſalmo 145. עיני כל אליך ישברו ואתה נותן להם את אכלם בעתו *Ojos de todos a ti eſperan, y tu das a ellos ſu comida en ſu hora* פותח את ידך ומשביע לכל חי רצון *Abres a tus manos, y hartas a todo viviente de voluntad?* Habla por Tierra Santa, por ſus moradores, y ſus animales ſolamente, o por todos los vivientes del mundo, ſean Racionales, o Iracionales, Iſraelitas, o Gentiles?

Si. Parece que habla por todos generalmente.

Re. No haveis de responderme con terminos dudosos, sino positivos, y decisivos, deveis pues dezir que assi es, que David habla alli por todos los vivientes, ninguno exceptuado.

Si. Siendo assi, qual es la ventaja pues que goza Israel, y su Tierra sobre las demas Tierras, y Naciones? y como se cumple el verso, que dize, תמיד עיני ה' אלהיך בה וגו' *Continuamente los ojos de A. tu Dios en ella?*

Re. Quando entrare en la Providencia, explicatè esse verso.

Objeccion. *Si.* Con todas vuestras precitadas razones buelvo a instar, que en el Sermon se otorgó que havia Naturaleza, pues alegò el Maamar דב"ר פ'ה (arriba pag. 4.) el qual se explicò diziendo, que los Sabios nos enseñan con esso, que Dios es imudable, por que si dixeramos, que Dios en el momento que hizo el milagro, y no antes, determinò, que el Fuego no quemasse, que los Leones no devorassen, &c. era deshazer lo que havia hecho en la Criacion, y era arrepentirse, pero con manifestarlo

manifestarlo des del principio, ni hay arrepentimiento, ni hay contradicion, y para facilitar la inteligencia desta Dotrina al Auditorio, valiosse del exemplo de un Rey que entregò una suma de dinero a un Criado, mandandole que lo distribuesse entre todos los pobres de la Ciudad, y que a todos diesse sin exceptuar ninguno, de alli a rato dixo al mismo Criado, distribuie el dinero como te tengo dicho, pero deves exceptuar fulano, y fulano, alos quales no quiero que des limosna. Desta manera este Criado determinarà que su Rey es inconstante, y voluble; pero si luego que le entregó el dinero le dixo repartelo a todos, fuera que a fulano, y fulano, no tiene motivo el Criado de notar a su Amo de inconstancia, ni volubilidad, Para huir pues semejante obieccion, mandò Dios des del principio dela criacion, al Fuego que no quemasse alos tres Moços, alos Leones, que no lacerassen a Daniel, &c. para mostrarnos que en su Divina Magestad no hay mudança, ni variedad, Si dixo pues al Fuego que no quemasse, hablò con la Naturaleza, y veis aqui provado como enel mismo

Sremon

Sermon ſe confeſsò la Naturaleza.

Re. De todas las queſtiones que haſta agora movisteis, ninguna tiene maior apariencia de fundamento que eſta, para reſolverla pues, y juntamente deſengañar-os, serà fuerça explicar algunas reglas que ſerviràn de baſes fundamentales para la inteligencia del Maamar, y de medios para reſolver vueſtra dificultad. Deveis pues ſaber, que eſte nombre *Tebah*, o Naturaleza puede comprehender tres modos de naturaleza, a ſaber, Individual, Eſpecifica, y Generica, Naturaleza individual es.

Si. Para que empleais inutilmente el tiempo, explicando, y diſtinguiendo el nombre Naturaleza, quando nueſtra ſanta Ley nos manifieſta ſer vna Criatura como todas las demas, criada en los ſeis primeros dias? y ſiendo eſto tan claro, y patente como ſabeis, me admirò mucho, antes me eſcandalizó, oyr al H.H. afirmar en ſu Sermon, que lo que llamamos Naturaleza, es la providencia de Dios, pues deſſa manera vino a comparar la Naturaleza que es Criatura, con Dios que es el Criador, por donde podeis colegir el horror que cauſò en mi devoto animo

Naturaleza es una Criatura Criada en los ſeis primeros Dias.

animo femejante comparacion; y afsi mucho me admiro que fiendo vos tan entendido, y verfado en Sciencias Divinas, y Humanas, figais effa opinion, y soliciteis fu defenfa.

Re. Hablais muy confufamente, de forma que no vos comperhendo, y afsi encarecidamente os pido, me feñaleis el lugar, o lugares de nueftra Santa, y Divina Ley, donde nombra efta Criatura llamada Naturaleza, y criada como fuponeis en los feis primeros dias del Mundo.

Si. No eftà clara, y patentemente fignificada en la Parafla de Bereffit, quando dize *Que crio Dios para hazer.* אשר ברא אלהים לעשות que quiere dezir, que Dios criò el Mundo, para que defpues la Naturaleza obraffe? Luego hay Naturaleza, y la criò Dios.

Devefe entender de las Particulares.

Re. Diftinguo, Hay Naturaleza Particular, y la crio Dios, Concedo. Hay Naturaleza Univerfal Criada, Niego. Por que la Naturaleza Univerfal no es otra cofa, que la Providencia de Dios, que es la que cuida de cada Criatura, aunque vil, y minima, pues a todas provee, a todas affifte, y a todas vivifica. Pero ventilando

tilando el Verso que alegais, para provar esta vuestra Naturaleza Criada, es fuerça que me digais de que Naturaleza entendeis, si dela Particular, o dela Universal? Si es dela Universal? Ya veis lo que dize el Cuzary con sus Comentadores que la Naturaleza Universal es Dios, que es lo mismo que dixo nuestro H. H. Si entendeis por la Particular? Para que la deduzis de aqui, alegorizando, quando la teneis bien clara y manifiesta en todo el primer Capitulo de la Genesis, donde narra que Dios crio todas las cosas? Ademàs que no sè comprehender como, o por que llamais Criatura en singular, y no Criaturas en plural? por que quantas son especies, tantas son Naturalezas, como el Trigo tiene otra Naturaleza que la Vid, la Vid otra que el Moral; el Hombre tiene una Naturaleza diferente del Leon, el Leon del Cordero, &c. Si quando pues dezis, que la Naturaleza es una cosa criada en los seis primeros dias, entendeis dela particular, pronunciais un enorme Barbarismo; por que en los seis primeros dias, no criò Dios una

una sola Naturaleza, mas inumerables, como narra el Sagrado Texto, y nos indica la ocular experiencia? Si entendeis por la Universal, y quereis dezir, que Dios criò una Naturaleza Universal, para que tuviesse cuidado delas Particulares, y las hiziesse obrar, es negar lo que afirma David, que Dios cubre los Cielos con nuves, que embia la lluvia, que haze produzir a los montes ierva, como tambien es oponerse a la autoridad delos Sabios que Dios haze soplar los vientos, haze subir las nuves, &c. y lo que es mas horrible, es quitar a Dios lo que es su oficio, para darlo a las Criaturas, Con que estais muy cerca dela opinion delos Deistas, y el argumento que ilegitimamente moveis contra el H. H. por faltar-os principios, y noticias, movera èl contra vos, con mucha razon, y fuerça, diziendo, que se escandaliza mucho de vuestro hablar, pues a la providencia de Dios llamais Criatura?

Dios criò inumerables Naturalezas Particulares

Objeccion.

Si. Yo no llamo Criatura ala Providencia, pero digo, que la Naturaleza cubre el cielo con nuves.

Naturaleza se considera Generica, Especifica, e Individual.

Re. Desso me quexo yo, Pero a su tiempo os mostraré patentemente, quanto vuestra opinion sea erronea, y falaz, como tambien os explicaré el verso. *Que crio Dios para hazer* literalmente, mientras para no desviemos del hilo del discurso, quiero valerme dela oportunidad, que me ofrece nuestro presente Tema, Y assi buelvo a la Naturaleza, la qual os dixe considerarse en tres modos, a saber, Generica, Especifica, e Individual, Naturaleza Individual es, la que se considera en un individuo a exclusion de qual quier otro. Como si yo dixera, *Reuben es por su natural agudo.* esta agudeza que considero eu Reuben, como particular, e individual a èl, no puedo por ninguna manera predicarla de otros; con que no puedo dezir, por que Reuben es agudo. ergo Simhon es agudo, ergo Levi es agudo, siendo esta una propriedad individual de Reuben, inseparable dél, e incomunicable a qual quier otro; y entonces diremos ראובן הוא חריף בטבע *Reuben es por Naturaleza agudo*, tomando el nombre *Tebàh*, por individual, que llaman

Primero exemplo.

man nueſtros modernos. שם האיש Puede tambien eſte nombre *Tebah*, entenderſe, y predicarſe por toda una Eſpecie, como ſi ſe dixera, el Hombre es por Naturaleza riſible, o capaz de reir, y entonces el nombre Naturaleza, comprehende todos los Individuos de ſu Eſpecie, ſin exceptuar ninguno, e inferiré, el Hombre es riſible, ergo Reuben es riſible, y por fin concluiré legitimamente, todos los Hombres ſon riſibles, pero eſta conſequencia no puede paſſar los limites dela Humanidad, ni ſe puede eſtender a otras Eſpecies, por que no puedo inferir deſta antecedente, el Hombre es riſible; ergo el Buey es riſible, ni el Leon es riſible; Por que no ſon dela miſma eſpecie del hombre, con que diré הבן ארם בטבע ראוי לשחוק אם כן ראובן ראוי לשחוק וכן שמעון וכן לוי וכן כל שאר בני אדם y entonces el nombre טבע Naturaleza, repreſenta la eſpecifica, y ſe llama שם המין La Naturaleza Generica, es mas Univerſal que las precedentes, por que comprehende mas de una Eſpecie, como deſta Propoſicion,

El Animal come ; inferire legitimamente de este Genero para todas sus Especies subalternas, y dirê. Si el animal por Naturaleza come, ergo el Hombre, come, el Buey, el Leon, la Hormiga y finalmente dirè, ergo todos los Animales de qual quier Especie que sean, comen. הבעל חי אוכל בטבע אם כן האדם אוכל השור אוכל הארי אוכל הנמלה אוכלת אם כן כל הבעלי חיים אוכלין Y entonces el nombre טבע Naturaleza, comprehende mucho mas delo que comprehendia, quando lo tomava Individual, y Especificamente, siendo aqui Generica, y su nombre Generico, que llamamos. שם הסוג Pero para que comprehendais esto de raiz, os darè otro exemplo practicable; quando dezimos el Kahal de Londres, quien entendemos por este nombre Kahal? Los particulares que lo componen, considerados colectivamente, como si todos estos particulares fuessen un cuerpo indivisible, Este Cuerpo grande compuesto destos particulares jamas se vio, ni se verà, pero nuestro entendimiento lo imagina, para facilitar el

Segundo exemplo.

el discurso. Deveis pues notar, que destos tres nombres que aplicamos a la Naturaleza, Individual, Especifico, y Generico, el individual solamente es real, y existe, los otros dos, son Entes de razon, que quiere dezir fantasticos, e imaginarios, y no tienen otroser, que el que los hombres les dan en sus ideas, que finge estos Uuiversales quimericos por modo de Abstraccion, para facilidad del discurso.

La Naturaleza individual solamente existe,

Si. No sé comprehender, que connexion tenga esto con nuestro Tema?

Re. De aqui a poco lo sabreis; pero es necessario ponderar primero, que las Criaturas nombradas enel Maamar de Beressit Rabá, son Mar, Cielo, y Tierra, Sol, y Luna, Cuervos, y Fuego, Leones, y Ballena.

Si. Assi es; pero que colegimos desso?

Re. Que nombrà dos generos de Criaturas, unas que se conservan en Individuo, que son la Mar, el Cielo, y la Tierra, el Sol, y la Luna; otras que se conservan enEspecie, que son los Cuervos, el Fuego, los Leones, y la Ballena. Que Dios hablasse enel principio del mundo con los que se conservan individualmente, puede dezirse, por que ya estavan criados, como la Mar, la Tierra, el Sol, &c. Pero como habló con los Cuervos de Eliau, con el Fuego delos Tres Moços, con los Leones de Daniel, y finalmente con la Ballena de Ioná, que no nacieron, ni vinieron al mundo, hasta muchos, y muchos siglos despues?

Si. Hablaria con la Naturaleza, o con la Especie delos Cuervos, y de los Leones, &c.

Con qual destas tres Naturalezas hablo Dios segun el Maamar de Beressit Raba.

Re. Ya os oluidasteis lo que os dixe poco antes, que no hay otra Naturaleza verdadera, y real, que la individual que está en las mismas cosas, y que la Especifica, y Generica son fingidas por nuestra imaginacion; Este es un Dilema que no podeis huir. Con quien hablaria Dios? Con la Naturaleza Individual de los Leones de Daniel? No; por que todavia no estava criada ni la criò hasta muchos, y muchos años despues? Hablaria con la Especie? Essa no hay, ni la huvo, ni la havrá realmente, sino es que Dios haga una nueva Criacion, Luego con quien habló?

Si.

Si. Enlos primeros dias que no havian mas, que los dos Leones, que Dios havia criado, donde eſtava la eſpecie delos Leones?

Re. Entonces ſe componia de aquellos dos Leones.

Si. Aqui teneis la ſolucion de vueſtro dilema, con eſſos dos Leones habló, y aſſi con los Cuervos, &c.

Re. Luego eſtos felices, y bien aventurados Leones tuvieron Revelacion de mas de 3000 Años, Tradicion de padres a hijos deſſe precepto, y Diſtincion de caſtas, y familias? Si todas eſtas ſingulares prerogativas gozan los Leones, que no ſon mas que brutos, iracionales, y fieras voraces, diremos que han merecido mas que los Gentiles, que por fin ſon hombres, y tienen alma racional? Lo miſmo es meneſter dezir delos Cuervos, dela Ballena, y lo que es aun mas admirable, del Fuego, que no tiene alma ſenſitiva, como los nombrados animales.

Si. No sè como amplificais mi ſolucion?

Dios no hablo con ninguna delas tres Naturalezas delos Leones.

Re. Sea como fuere todo lo que he deduzido, ſon legitimas, e irrefragables conſequencias de vueſtra reſpueſta. Pero para deſmenuzar eſte Tema todo lo poſſible, quiero ſuponer, (aunque es falſo) que haya en el mundo Naturaleza Univerſal, Eſpecifica, y Generica, y aun aſſi digo, que no ſe puede inferir que Dios haya hablado con ellas, La razon es, por que enel Cap. 3. ver. 24. de Daniel, narra, que Nebuhadnezar ſe admiró mucho, viendo paſſear quatro perſonas por la hornaza, quando él no hauia mandado hechar mas que tres, y que el quarto parecia Angel. Nueſtros diuinos Sabios eſcriven en Peſſahim פ׳ רפ׳ קי״ח ע״א que eſſe Angel era Gabriel, y que el modo con que hizo el milagro fue, enfriando la hornaza por dentro, y calentado el ambiente por fuera, como conſta del miſmo Cap. de Daniel Ver. 22. donde dize, que el Fuego que ſaliò fuera, mató a los que hauian executado la orden del Rey.

Pregunto agora, ſi Dios hauia mandado des de la Criacion, a la Naturaleza del Fuego (ſea que lo huvieſſe mandado do a la Indiuidual, o Eſpecifica que no quemaſſe a eſtos Santos Moços, para que huuo meneſter embiar Angel? Direis que para amedrentar al Rey, y para moſtrarle que Dios tenia en ſu proteccion a eſtos tres Santos Mancebos, quiero admitirlo, pero por que ſe atribuye todo el milagro al Angel, y nada al Fuego? Podreis dezir que aunque el Angel hizo todo, fue forçoſo que Dios amoneſtaſſe al Fuego, para que no repugnaſſe al Angel.

Si. Eſſa es la verdadera razon.

Re. Quien tiene mas fuerça, y mas ſciencia, el Hombre, o el Angel?

Si. Eneſte mundo el Angel, por que es un Eſpiritu Puro, y deſnudo de materia, pero el Juſto es mas que el Angel, pues bien ſabeis que nueſtros Sabios dizen en Sanhedrin. פ׳ חלק דף צ״ג ריש ע״א גדולים צדיקים יותר ממלאכי השרת שנ׳ הא אנא חזה גוברין ארבעה וגו׳ ורויה די רביעאה וגו׳ ופירש רש׳ שבתחלה הזכיר הצדיקים ואח״כ המלאך: y lo infieren apunto de os tres Mo-

ços

ços, que los nombra primero, que al Angel.

Re. Yo no os preguntè si el Angel era mas, o menos que el Justo, sino si era mas,o menos, que el hombre en absoluto; Y a esso haveis de responder.

El Angel es mas que Hombre.

Si. Cierto que el Hombre es menos, por las razones que he alegado.

Re. Si al Rey le huviera dado gana de estinguir esse Fuego, podia haverlo estinguido con agua, sin que el Fuego hiziesse resistencia?

Si. No dudo que lo podia hazer, y es infalible que no le huviera resistido.

Re. Luego el Fuego naturalmente huviera cedido a la fuerça del Agua, que es otra criatura como èl, y huviera resistido a un Angel por tan inumerables considraciones superior a el, Pero quando quisiesse mostarme en este milagro indulgente con vos, no puedo hazerlo en el delos Leones de Daniel, donde por el Maamar de Beressit Rabà parece, que Dios mandó a la Naturaleza delos Leones, (hablando a vuestro modo) que no insultasse a Daniel; Luego

Luego ya los Leones tenian el mandato de no hazerle daño, y era fuerça que obedeciessen, Pero del Verso se infiere manifiestamente lo contrario, por que preguntando el Rey a Daniel, si su Dios lo havia escapado? Responde Daniel, Cap. 6. Ver. 23. *Mi Dios embiò su Angel, y cerro la boca de los Leones, y no me dañaron.* אלהי שלח מלאכיה וסגר פום אריותא ולא חבלוני Una vez pues, que el Angel le cerrò la boca, es fuerça que la tuviessen abierta, y si Dios havia mandado a la Naturaleza delos Leones des del principio del mundo, que no hiziessen mal a Daniel, que necessidad havia de embiar el Angel? Ni vale responder, como enlos tres Moços, que Dios embiò el Angel, para satisfazer a alguien, por que en este caso no havia a quien satisfazer, ni persuadir, haviendo sucedido en las profundinas de un poço, donde no havia mas que el insigne, y Santo Daniel, para quien no eran menester pruevas, ni persuasivas, pues lo havia de atribuyr a Dios aunque no huviera aparecido el Angel? La misma dificultad milita en la Ballena

El Angel cerro la boca a los Leones

de Ioná, a la qual Dios mandò que lo vomitasse, ויאמר ה׳ לדג ויקא את יונה אל היבשה Por donde se colige, que la Ballena por su propria propension, y voluntad no inclinava a esso, pero Dios quiso que lo hechasse a su pesar. Queda pues inconcussiblemente concluido, que Dios no hablò enel principio del mundo con la Naturaleza individual delos Cuervos, ni de la Ballena, ni del Fuego, ni delos Leones, por que no estavan criados, ni se criaron por muchos siglos despues; no hablò con su Naturaleza Especifica, por que dado que la huviesse, (lo que siempre se negò, y se niega) ademas de los referidos absurdos de Revelacion, Tradicion, y Distincion de castas, era superfluo el mandarle, pues la Naturaleza no devia concurrir en essos milagros, sino es passivamente, quedando lo activo para el Angel, como se ha provado. Luego del Maamar de Beressit Rabá no se puede colegir que hay Naturaleza, como intentais provar.

Si. No por esso se desmaia mi animo, y assi replico diziendo, que pues para Dios todo es presente, la Naturaleza

leza individual delos Leones, *&c.* Estava delante de Dios, y a ella mandò que no laceraße a Daniel.

Re. Cierto es, que lo preterito, y futuro es presente para Dios, por que delante su Omnipotente Mageſtad no hay diferencia de tiempos, ni tiene cabida el *Nunc fluens* sino el *Nunc permanens*, pero no por eſſo ſe ſigue que Dios habló a la Naturaleza individual delas Criaturas nombradas enel Maamar, y queriendo vos ſuſtentar eſſo, os queda el peſo de reſolver la obieccion delos Angeles, a ſaber para que huvo meneſter Angel? y mas preciſamente enel poço de Daniel, ſi los Leones tenian ya orden delo que devian hazer?

Para Dios todo es preſente.

Si. Teneis razon, ſi bien por otra parte reparo una manifieſta contrariedad en vueſtras palavras, y es, que poco ha dixiſteis, que Dios no habló con los Leones enel principio de la Criacion por que no eſtavan criados, y Agora dezis que delante de Dios todo es preſente?

Re. Como quereis que yo niegue uno de los principios eſſenciales de la Eternidad? No puede ſer. Y aſsi digo, que es verdad que todo es preſente a Dios,

Dios, y que si Dios fuera servido, se lo podia mandar entonces, Pero el Maamar no considera essas Criaturas antes de ser criadas, al opuesto entendido por el sentido literal, y material, las supone criadas, y esto pruevase por ver que dize despues que mis manos tendieron Cielos mandé a todos sus exercitos, con que despues de haver criado, mandó, y no antes, y como el Comentador no puede salir del Texto; ni alterarlo, puesto que el Autor dize, que este precepto fue despues de la Criacion, no podemos vos, ni yo, explicarlo por otro tiempo.

Explicacion del Maamar de Beresit Rabah

Si. Assi es, pero como entendeis el Maamar, y como lo explicais?

Re. Mi parecer conviene con el Rab. R. Ishac Abrabanel, el Rab. R. Selomoh Levi, y el Yepheh Toar en su Comento de Beresit Raba, y otros muchos, que afirman, que nos quieren enseñar los Sabios, que en Dios no hay mutacion de voluntad, ni arrepentimiento, y assi aunque vemos Alteracion en las cosas Naturales, no es nueva voluntad en Dios, aunque la accion sea nueva, y contra la orden natural, pero des el principio del Mundo estava determinando el milagro,

Alteracion en la Naturaleza no es nueva voluntad en Dios.

gro,

gro como el del Fuego que no quemasse a los tres Moços, Esta Dotrina es pia, y santa, pero padece una gravissima Objeccion, cuia fuerça me obliga a amplificar mas este punto, y disferir delos nombrados Sabios, La dificultad es, quo no se deve dezir, como suponen estos Señores, que Dios determinó enel tiempo de la Criacion de hazer essos milagros, por que como para su Divina Magestad es todo presente, y abeterno estava determinado en su Divina Mente, que en tal tiempo no quemasse el Fuego, y que en tal tiempo los Leones depusiessen su natural voracidad, Ademas (que es la mayor fuerça) que el Maamar no nos manifiesta esplicitamente lo que Dios deliberó, sino lo que Dios revelo, diziendo, Mandè a los Leones que no ofendiessen a Daniel, &c. Con que manifiesta el mandato, no la Deliberacion, ni el tiempo della, la qual se deve suponer, como en efecto es, hecha ab eterno. Lo que nos dize pues el Maamar es, que Dios revelo al Propheta Jesahia, como des del principio del Mundo estavan ya distribuidas las ordenes, para los milagros que havian de

Objeccion.

de ſuceedr, y eſto para el fin que ſeñalan los prealegados Autores, a ſaber, para que no imaginaran en Dios mutacion de voluntad, Y aunque ya lo tenia dicho Bilham, Numer. 23. Ver. 23. לא איש אל ויכזב ובן אדם ויתנחם *No varon Dios que mienta, ni hijo de hombre que ſe arrepienta*, y Semuel dize, que *la fortaleza de Iſrael no miente, ni ſe arrepiente, por que no es hombre para arrepentirſe.* Samuel 1. Cap. 15. Ver. 29. Y es principio fundamental de nueſtra ſanta Ley, ſe podra dezir que ſe ſabia eſta Dotrina, pero no ſe ſignificó por eſcrito, ſino en tiempo de Ieſahià, ſiendo forçoſo que ſiempre eſta importantiſſima verdad fueſſe notoria; O tambien que ſe ſabia, y ſe creia que Dios es imudable, pero el modo no era comun a todos, haſta que Dios lo reveló a Ieſahiá, mandandole que lo ſignificaſſe en ſus palavras.

Eſta revelacion como de tanta conſequencia, no ſolo la manifeſtó Dios a los Hombres mas tambien a los Angeles, como conſta de un Maamar de Medrás Tehilim ſobre el Pſalmo 8. donde dize R. Berehià, que quando Dios crió el el mundo, quiſo moſtrar a los Angeles lo heroico delas acciones delos Juſtos, y aſſi les moſtrò Abraham, Sara, *&c.* les moſtró Jehoſua parando el Sol; Daniel ſalir intacto de las garras delos Leones, Eliau a quien los Cuervos trahian el alimento, Ionà enel vientre dela Ballena, e Iſrael paſſando la Mar a pie enxuto. Y para que reconoſcais como ſe verifica en los Sabios lo que dize David enel Pſalmo 19. משפטי ה' אמת צדקו יחדיו *Que los Juizios de Dios ſon verdad, y ſe acuerdan unos con otros*, atended a eſte Maamar de Semot Rabáh סדר בשלח פ' כ"א דף קל"ח סע'ד Sobre el verſo del Exodo, Cap. 15. Ver. 26. que dize, *Y tu levanta a tu vara, y tiende a tu mano ſobre la Mar, y partela.* Dixo Moſeh a Dios, Señor, tu me mandas raſgar la Mar, y convertirla en tierra, como puedes hazer eſſo? Si el verſo dize, que puſe la arena termino a la Mar, y juraſte de jamas raſgarla? Reſpondiole Dios no reparaſte lo que dize enel principio de la Ley, Juntenſe las aguas? yo concertè con èl des del principio, que yo lo devia partir; con eſto obedeciò

Moſeh

Moſeh a Dios, y fue a raſgar la Mar; Mas ſe le opuſo diziendo, no quiero partirme por ti, por que ſoy maior, haviendo ſido criado enel dia Tercero, y tu enel Seſto. Refirió Moſeh a Dios la reſiſtencia de la Mar, entonces puſo Dios ſu mano derecha ſobre la derecha de Moſeh como dize el Verſo, Llevan a la derecha de Moſeh braço de ſu gloria, partien Aguas por ellos, para hazerſe una fama perpetua. (Jeſahia 63. 12.) Aſſi que la Mar vio a Dios, huio, como dize el Verſo. *La Mar vio, y huiò*, preguntóle Moſeh de que huies? Reſpondió la Mar, por Temor deDios de Jahacob,entonces luego que Moſeh le puſo la mano, ſe partio, como dize el Verſo. Y fueron partidas las Aguas.

Deſte notable Maamar ſe infieren dos coſas; Primero, que la objeccion del arrepentimiento en Dios, es objeccion, y aquy ſe ſatisfaze diziendo, que ya Dios havia hecho concierto con aquellas Criaturas des de la Criacion, con que ſe reſponde la dificultad del arrepentimiento, o retroceſſion. Segundo, que quando Dios manifeſtó ſu intencion, no fué con circunſtancias preciſſis

ſis de tiempo, ni de lugar, y a vezes, ni de perſonas, ſino con ordenes muy generales, como ſe vè enel otro Maamar, que dize, צויתי את הים שיהא נקרע לפני ישראל Mandè a la Mar que ſe raſgaſſe para Iſrael, ſin ſeñalar quando ſe havia de raſgar, ni quien lo havia de raſgar ; Y que eſto ſea aſſi, ademas del Maamar de Bereſſit Rabá *Cap.* 5. ſe infiere deſte, viendo la reſiſtencia, y repugnancia que hizo la Mar a Moſeh, donde no dize que no quiere ſer partida, mas que no quiere ſer partida por ſu mano , luego ſabia que era fuerça que ſe hizieſſe el milagro, mas no ſabia ſus circunſtancias.

Con eſte principio ſe entiende el Maamar de Peſſahim, פ' דף ק"ח סע"א que dize , quando Nimród hechó a Abraham enel Fuego de Caldeos, ofrecióſſe Gabriel a Dios de ſalvarlo, Dios dixo, que él lo queria eſcapar, pero que en recompenſa de ſu buena voluntad, ſalvaria del miſmo peligro a Hananya, Miſael, y Hazarya, ſus deſcendientes ; Deſputava el Angel del Agua eſſe empleo a Gabriel, pero no

Dios reveló los futuros Milagros alos Angeles en general, sin precisas circunstancias.

consiguió su pretension, y assi Gabriel los salvò. Es fuerça pues, que quando Dios manifestò su intencion alos Angeles, fuesse muy en general, diziendo solamente, quando hecharen enel Fuego a tres Moços llamados Hananya, &c. no quiero que el Fuego los queme, sin otra circunstancia, ni precision, y con esta esplicacion no se contradizen los Maamarim, y tiene cabida la pretension del Angel del Agua, y la promessa a Gabriel, por la ocasion de Abraham, aunque ya era notorio a los Angeles, que los tres Moços havian de salir vivos, e intactos del Fuego.

Si. Quiero conceder-os, que Dios no haiga hablado con la Naturaleza Individual, por que no existia, no con la Especifica, por que no la hay, ni la huvo, como tambien concedo, que las revelaciones fueron muy generales, Sin Especificar circunstancias, Pero es vuestra incumbencia agora esplicar con quien habló Dios, quando mandó a la Mar que se rasgasse?

Re. Cierto que es mi obligacion, y lo hiziera luego con mucho gusto, pero acercandose, la noche con toda

celo

celeridad, y requeriendo esta materia mas tiempo delo que tenemos, hallo muy a Proposito dexarla para mañana enla misma hora, y enel mismo puesto.

Si. Antes que entremos en la Ciudad, quiero aclarar mi opinion sobre este punto dela Naturaleza, siendome muy necessario hazerlo, pues veo sacais ciertas consequencias de mis palavras, que ni he imaginado, ni meditado, y assi digo que lo que creo es, que hay Naturaleza particular de cada cosa, como del Racional, del Iracional, dela Planta, &c. y que esta obra en virtud dela primera orden, o *fiat* que Dios mandó a cada uno en su Especie, como a la Tierra que produxesse iervas, y plantas, a los Animales, que multiplicassen, a los Astros que alumbrassen, &c. Esta es la Naturaleza que reconosco, y no otra, y assi declaro que todas las consequencias que sacais de mis palavras, como no sean fundadas sobre este principio, las desconosco, y detesto, como hijas espurias engendradas en vuestro entendimiento, no deduzidas del mio.

Re.

Re. Esso tiene lugar, quando las proposiciones son tan claras, y evidentes que no sufren mas que un sentido, pero quando son amphibologicas, y equivocas, se les puede aplicar todos los sentidos que se juzga poder encerrarse en ellas; Como la proposicion del H. H. que dixo que no hay Naturaleza, y que lo que dizen que haze la Naturaleza lo haze Dios, y de aqui se sigue que Dios es la Naturaleza, y la Naturaleza es Dios: Essa proposicion digo, es tan clara, y patente, que no se pueden inferir della mas que dos consequencias; Una es que el H. H. supone como el Curazy, que hay dos Naturalezas, una Universal, otra Particular, La Particular la admite, alegando el Verso de David, que Dios cubre los Cielos con nuves, *&c.* Ergo las nuves son la Naturaleza Particular, y Dios que cubre los Cielos, *&c.* es lo que llaman Naturaleza Universal, Y por que este nombre de Naturaleza Universal, es mal sonante, y quien no entiende lo que significa, puede concebir que sea una Criatura potente, que govierna el mundo, devese rejectar, y dezir con verdad, que lo que se

dizē

dize que haze eſta ſupueſta Naturaleza, lo haze Dios, que es el que govierna, y diſpone las Naturalezas Particulares.

Eſta es una Propoſicion clara, patente, e inteligible, dela qual no ſe pueden ſacar mas conſequencias, que las que tengo referido.

Si. Sin embargo yo, y otros, entendimos otra coſa.

Re. Si vos faltan principios, y noticias, no por eſſo ha de padecer la Dotrina, ni quien la profeſſa, y enſeña. Al opueſto vueſtras propoſiciones ſon obſcuras, confuſas, y dificultoſas de entender, tanto por que vos miſmo no formais en vueſtro entendimiento ideas claras, y diſtintas delo que pretendeis comprehender, como por que no teneis terminos proprios y ſignificativos, con que eſplicarvos; Y para que veais ſer eſto aſſi, y reconozcais juntamente que las conſequencias que he deduzido de vueſtras propoſiciones ſon legitimas, y vueſtras, reparad, que vos afirmais que hay Naturaleza Particular, y que eſta obra por ſi en virtud del primer יהי o *Fiat*, Afirmais

mais más que la *Naturaleza es una Criatura que Dios criò en los ſeis primeros dias*, y por eſſo eſtrañais que el H. H. hayga dicho, que la Naturaleza es Dios, pues deſſa manera ſe compara el Criador a la Criatura. Si dezis pues que es una Criatura, y no muchas, confeſſais que hay Naturaleza Univerſal; Afirmais de mas a mas, que ſi no hay Naturaleza, no puede haver Milagro, y dezis que el Milagro depende de Dios, que es Criador, y lo Natural dela Naturaleza que es Criatura. Luego forçoſamente ſe infiere, que ſuponeis que eſta Naturaleza ſea independente de Dios; con que ſegun vueſtros fundamentos admitis dos Naturalezas, una Univerſal que es la que llamais Criatura en ſingular, y otra Particular, que es la Tierra que produze, *&c.* Notad Agora el Argumento que ſigue, ſi es legitimo; Siendo verdad que la Tierra produze en virtud del primer *Fiat*, como cuerda de relox, ſegun ſuponeis, contradezis a lo que afirma el Zohar. דפוס לובלין פ׳ קרושין דף מ׳ ע״ג

Que no hay ierva, que no tenga ſu Angel deputado, que la haga crecer; ſi

ella

ella pues tiene su fueiça des dela Criacion por el *Fiat*, Para que hà menester Angel? Luego como os atreveis llamar Criatura a la Naturaleza Universal, que David, y todos nuestros Sabios afirman ser el Criador? Desto pues podeis claràmente colegir, que las consequencias que saco de vuestras Sentencias, son legitimamente vuestras. Pero dexemos esto para mañana. como dixe, para tratarlo mas despacio.

Si. Hagase como mandais, encaminemonos pues hazia la Ciudad.

F I N

Del Primer Dialogo.

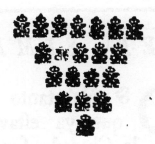

DIALOGO

Dialogo Segundo

Se indaga, si negandose la Naturaleza puede haver Milagro? Que objeto tengan los Milagros? Se niega la Naturaleza Universal. Como indican los Astros? Si los Angeles son dispoticos Señores delas Criaturas sobre las quales son Deputados? Dela Divina Providencia, y dela *diferencia de sus grados. Graves nocumentos que proceden de admitir la Naturaleza Universal.*

REUBEN. SIMHON.

Reuben. Os vide tanto tardar, que ya estava para bolverme a la Ciudad, suponiendo que no vinierais esta tarde.

Simhon. Os suplico perdonarme, pues me engañó el sueño dela siesta, siendo

endo mas importuno, y largo delo que yo havia determinado.

Re. Como assi?

Si. Toda la antecedente noche passé en un continuo desvelo, vacilando sobre lo de ayer, y con mucha razon, por que si Dios no hablò como provasteis, con la Naturaleza especifica delas Criaturas nombradas enel Maamar de Beressit Rabáh, פ״ה por que no la hay, ni la huvo, ni con la individual por que no existia todavia, no sé con quien podia haver hablado?

Re. Si yo anteviera lo que havia de suceder, os escusava el desvelo con manifestaros ayer, lo que os manifiesto Agora. Digo pues, que habló con los Angeles deputados sosobre aquellas especies de Criaturas.

Re. Esta Sentencia es totalmente contraria a la que se dixo enel Sermon, y alo que vos sustentasteis hasta agora, pues concediendo estos Angeles deputados, confessais que no es Dios el que govierna todo, sino los Angeles; Y siendo assi, para que repugnais mi opinion? Una vez que no lo haze Dios, que mas es que lo haga un Angel, o Objeccion.

que lo haga la Naturaleza? Y agora ſe adaptan todas las Objecciones alegadas enel principio de nueſtra conferencia, a ſaber que por el verſo ſe prueva que hay Naturaleza, y que ella obra todo, como tambien por las autoridades delos Sabios.

Re. Pues entramos en un Tema tan importante, y delicado, como es la Providencia Divina, dela qual vamos a tratar, ſiendo eſta la gran Baſis, y la ſolida Columna de nueſtra Santa Ley, y dela verdadera Creencia de Iſrael, no hemos de hablar enella a bulto, ſino con mucho recato, devocion, y reſpeto. Y primero digo, que niego, y deteſto la conſequencia, que pretendeis ſacar de mis palavras, a ſaber, que confeſſando yo Angeles deputados, confieſſo por conſequencia, que eſtos Angeles goviernan todo, Dios me livre de tal dezir, de tal Creer, ni de tal imaginar, ſino que Dios todo lo govierna, todo lo rige, ſegun ſu Divina Voluntad; Ni los Angeles deputados implican nada a eſſo, como vereis patentemente deſpues qus me huviereis reſpondido a una obieccion, que contra vos me ocurre.

Dios govierna todo ſin implicar los Angeles Deputados.

Vos

Vos ſuponeis, que ſino hay Naturaleza que govierne, no puede haver Milagro, y juzgo que la razon es, por que como Dios haze los Milagros para moſtrar que es dueño dela Naturaleza, ſi lo que ſe atribuie ala Naturaleza lo haze Dios, no ſe conſeguira el efeto de moſtrar que Dios es ſuperior a la Naturaleza.

Si. Eſſo es lo que yo digo.

Re. Eſſa propoſicion la hazeis mas general delo que deve ſer, por que no todos los milagros ſe hizieron a eſſa intencion, aunque forçoſamente ſe infiere dellos. Hallanſe Abraham y Sará, viejos, decrepitos, e incapazes de engendrar, y concebir reſpectivamente, Dios milagroſamente los renueva con el nacimiento de Iſhach, Pregunto, Eſte milagro de engendrar Abraham, y parir Sará, lo hizo Dios para que eſtos Patriarcas ſupieſſen, que èl es dueño dela Naturaleza? No por cierto, por que la puerta por donde Abraham entró a conocer a Dios, fue diſcurriendo, que eſta maquina que vemos, era fuerça que tuvieſſe Dueño, que la governaſſe, ?ראמר שהבירה הזאת בלי מנהיג

No todos los milagros ſe hazen para moſtrar que Dios es dueno dela Naturaleza.

Prueva ſe de Abraham y otros.

Luego

Luego fue para otro fin,como para premiar la piedad,y zelo de aquellos santos Viejos. Ni repugna a esto lo que dize Rab en Sabat פ׳ מי שהחשיך דף קנ״ו סע״א אמר לפניו רבש״ע נסתכלתי באיצטגנינות שלי ואיני ראוי להוליד בן

Que Abraham dixo a Dios, que por los Astros conocia, que no havia de tener sucession, y que Dios le dixo que sin embargo la tendria; por que Abraham no dudaua, si Dios tenia poder para esso, pero no se persuadia que quisiesse alerar por su causa el presagio delos Astros. Y aunque en verdad, que desso sigue forçosamente, que Dios es dueño del mundo, y es fuerça que discuriessen assi los Gentiles contemporaneos de Abraham, y que se santificasse el nombre de Dios entre aquellos ciegos barbaros, sin embargo el objecto primario de nacer Ishach, fue premiar a Abraham, al qual lo huviera Dios concedido, aunque fuera en un desierto iermo, y despoblado. Quando Dios concedió Vigor a Iahacob, para que superasse al Angel en la lucha, no fue para mostrarle que

Dios es Dueño del Mundo, ſino para que ſupieſſe que lo tenia en ſu proteccion, y deſte Milagro no redundó conocimiento niuguno de Dios para los Gentiles, por que la lucha ſe hizo en un lugar deſcampado, y deſpoblado. Quando Dios apareció a Moſeh en la çarça, tanpoco fue para moſtrarle que era Dueño del Mundo, y aſſi no le dize eſſo ſino, *Yo ſoi el Dios de tu Padre.* Los Milagros de Egypto ſi, que fueron hechos a eſſe objeto, pues lo dize Dios claramente. ואולם בעבור
זאת העמדתיך בעבור הראתך את
כחי ולמען ספר שמי בכל הארץ
Para eſto te hize reſiſtir, para moſtrarte a mi fuerça, y para que ſe dilate mi fama por toda la tierra; *Exod.* 9. *Ver.* 17. La vitoria de Guidhon con 300 Hombres, contra un numeroſo Exercito de Midianitas, ſe la concedio Dios para que ſupieſſe, que era Omnipotente? No por cierto; por que eſſa verdad la havia mamado Guidhon con la leche, mas para moſtrarle que el Omnipotente lo aſſiſtia. La Reſurreccion del Niño dela Sorfita

Los milagros de Egipto, y otros fueron para moſtrar, que Dios es Dueno dela Naturaleza.

Sorſita hecha por Eliau, para que fue? Para predicar a la Biuda que era Iſraelita, que Dios es Autor dela Naturaleza? La del Niño dela Sunamita hecha por Eliſſah, el aumento del Azeite dela Muger de ſu Diſcipulo, y finalmente la ſubida dela Acha del Agua, contra el natural del hierro, que es ponderoſo, fueron para moſtrar a alguno deſſos ſugetos, que Dios es Autor dela Naturaleza? No por cierto; Por que como eran Iſraelitas, y creian como creemos nos ſus deſcendientes, que Dios fue Criadòr del Mundo, no havian meneſter ellos, ni hemos meneſter nos, milagros, para comprovar una verdad, que eſtá entre nos aſſentada ſin heſitacon, ni duda, y arraigada enlo mas intimo de nueſtro coraçon. Es bien verdad, que el Gentil que viere qual quiera deſſos milagros, ſino fuere eſtupido, o mentecato, es fuerça que confieſſe, que no ſe pueden hazer, ſino por quien es Dueño dela Naturaleza, pero delos precitados milagros de Eliau, y Eliſſah, nadie quitó eſta conſequencia; los Iſraelitas no, por que ſin eſſos milagros lo ſabian, y lo creian, los Gentiles, no porque

que no llegaron a ſu noticia. Luego no todos Milagros haze Dio para moſtrar que es dueño del mundo,ſino para otros fines,y objectos tambien.

Milagros ſe hazen para dos fines.

Pero por que mi intencion es deſmenuzar eſta materia todo lo poſſible, es fuerça dilatarme algun tanto en ella, Digo pues, que los Milagros tienen infaliblemente dos motivos generaliſſimos, El primer motivo es, el precitado, de moſtrar que Dios es dueño del mundo, como ſon los de Egipto, y otros, El ſegundo es, quando Dios haze milagros para fauorecer a alguien, ſea Nacion, Pueblo, o Particular, como ſucedió a Guidhon, que hablandole el Angel, y dudando èl ſi era Embaxador de Dios, le pidió ſeñal para aſſegurarſe.

Y eſta ſeñal pretendia que fueſſe milagroſa, como fue en efeto, que ſe le deſpareció delante, ſin ſaber, ni ver como; Con que quedó enterado Guidhon, que era Angel, por haver viſto una coſa portentoſa, y ſobre natural. Siguese luego, que queriendo Dios moſtrar a alguno ſu favor, proteccion, y aſſiſtencia, lo haze ſiempre por via de Milagro, y eſto no ſe puede hazer ſin alterar la Naturaleza; Ergo ſino

huviera

huviera Naturaleza, no pudiera haver Milagro. Desta irrefregable Dotrina, nace un horrible Argumento contra vos; y es el mismo que vos deduxistes ilegitimamente del Sermon, por no distinguir dela Naturaleza Universal a la Particular, afirmando que negandose la Naturaleza se niega el Milagro, y al qual tengo respondido, y evidentemente provado que enel Sermon no se negó la Naturaleza Particular, sino la Universal, que suponeis que govierna el mundo. Pero segun vuestros principios dezis, que es fuerça que haiga Naturaleza para haver Milagro, por que sinó no lo pudiera haver por que entonces lo Natural fuera voluntad divina, y lo Milagroso voluntad divina, y assi no huviera diferencia delo Milagroso alo Natural. Pregunto; Este Sol que nos alumbra, este Cielo siempre vertiginoso, este Mar agitado, esta Tierra que produze, estos Animales Racionales, e Iracionales que la habitan, que son los Particulares que componen la Naturaleza, existen por voluntad de Dios, o contra su voluntad? Si dezis, que contra su voluntad? (Lo que es cierto que no direis,) ya sabeis la consequencia que deduzirá quien

Primera Objeccion.

tal

blaſphemia oyere, Si dezis que es por voluntad de Dios, (Como es fuerça digais,) el Argumento que movisteis contra el Sermon ilegitimamente, lo retuerço justa, y legitimamente contra vos, diziendo; Lo Natural existe por Divina Voluntad, lo Milagroſo ſe haze por Divina Voluntad, Ergo no hay diferencia delo Natural a lo milagroſo. Luego aunque hayga Naturaleza, no puede haver Milagro.

Si. Eſſo ſe reſponde muy facilmente, con una palabra que oy dezir, que los Latinos llaman *Fiat*, por cuia eficacia, la Naturaleza va ſiguiendo ſu curſo; y ſeguirà haſta que Dios diſponga otra coſa; como una cuerda de relox, que deſpues de haverla ſoltado, anda de ſuio horas, dias, meſes, y años.

Re. Y con eſte *Fiat*, os perſuadis de haver fatisfecho a la Objeccion? No por cierto; Por que buelvo a inſtar, ſi eſta cuerda deſte gran relox dela Naturaleza, anda por voluntad de Dios, o no? a lo qual es fuerça reſpondais como antes, y es fuerça tambien, que os halleis empeñado enel miſmo labarinto, ſin poder ſalir dèl. Segunda Objeccion.

Si. Y a vos que confessais la Naturaleza Particular, no os aprieta la misma dificultad?

Re. Por ninguna manera, aunque yo todo refiero a Dios, assi lo Natural, como lo Milagroso, como oyreis en lo que voy a explicar, resolviendo en un mismo tiempo vuestras Objecciones, y fundando mi Hypotesis; la qual espero sea aprovada, y admitida por los Hombres Doctos, y Pios de nuestra Nacion, siendo deduzida dela Verdad de nuestra Santa Ley, dela infalible Dotrina de nuestros Sabios, y del recto dictamen de un Entendimiento, que alumbrado de dos tan replandecientes Luminarias, es impossible que tropiece en piedras de escandalo, ni caiga en precipicios de ierros. Y para bien consolidarla, no me valgo de Autoridades Modernas, que no tienen mas facultad, que de opinar; mas solamente de Antiguas, y Recebidas, que fundan Dogmas, y establecen Dotrinas.

Digo pues, que antiguamente prevalecian enel mundo dos opiniones universales, Una era delos Gentiles, otra de Israel. Los Gentiles creian que

que el Mundo era eterno, y por consequencia, que ni Dios lo havia criado, ni que lo governava. Israel al opuesto creia y cree, que Dios lo criò, y lo govierna. Esta santissima, e infalible verdad la tuvieron Israel desde su tyrocinio tan imprimida, y arraygada enel Coraçon, heredada delos Santos Patriarcas, que aunque en Egipto vivian imergidos en las supersticiones, e Idolatrias de aquella tierra, como se quexa Jehezquel en el Cap. 20. no por esso dexavan de saber que Dios era el Criador del mundo, y el que lo govierna; Pruevo; por que quando Dios mandò la primera embaxada à Moseh en la çarça, no le impone dezir a Israel, que le apareciò el Criador del mundó, sino el Dios de vuestros Padres, donde se vé que ellos sabian que el Dios de sus Padres era el Criador, y por lo consiguiente, quando Moseh repugnava, era por recelar, que no le creiessen que el Dios de sus Padres se le havia aparecido. והן לא יאמינו לי ולא ישמעו בקולי כי יאמרו לא נראה איך ה' Exodo Cap. 4. Ver. 1. y pidio Tacitamente señal para que creiessen

Dos opiniones sobre la Criacion del Mundo.

Dios no dixo a Moseh que era Criador del Mundo ni Moseh a Israel. y Por que?

ıessen que esse Dios de sus Padres le havia hablado; Fue al pueblo, hizo las señales, y Creieron, que era Embaxador de Dios. Con quo aquellas señales no eran para provar a Israel que el Dios de sus Padres era el Criador, sino para acreditar a Moseh, y para provar que era legitimo, y verdadero Embaxador de Dios, Assi lo atesta el verso enel Exodo Cap. 4. Ver. 32. diziendo, *Y creiò el pueblo, y oieron que visitò .A. a hijos de Israel, y que vido a su Afliccion.* No dize que creió el pueblo que A. era Criador del mundo, porque esso lo sabian desde su niñez. Es sin embargo verdad, que despues de entrar en Tierra de Promission, como la Idolatria llegó a inveterarse en parte dellos, de forma que havia quien dudava, si Dios era el Criador, o el maldito Bahal, para estirpar esta horrible blasphemia del coraçon del pueblo, hizo Eliau el sacrificio del Toro, donde santificó con tanto Zelo, y Fervor el Nombre de Dios enel Monte Carmel, como se lee en Reyes 1. Cap. 18. Y aunque nuestros Sabios dizen en Sanhedrin

פ׳ ארבע מיתות דף ס״ג ע״ב יודעין היו ישראל בע״ז שאין בה ממש וכו׳ *Que bien ſabian Iſrael que la Idolotria era vana, pero que la ſeguian, para poder vivir libertinamente:* Eſſo ſe entiende en los primeros que abraçaron eſſe falſo culto; Pero es tambien infalible, que deſpues dela deſtruicion del primer Templo haſta el preſente dia, loores a Dios, nunca ſe llegó mas a dudar eſta verdad enel pueblo de Iſrael.

Entre los Gentiles huvieron diverſas opiniones ſobre la Criacion del Mundo, que no ſon de mi propoſito, pero todas convenian en que Dios no tenia que ver con eſtas coſas inferiores, fundadas en frivolas, y miſerables conjeturas, que no es neceſſario alegarlas; Baſta ſaber que unos entendian, que havia una Cauſa Univerſal, pero no primera, llamada Naturaleza, la qual creian que todo diſponia, y todo governava, llamandola Sabia, Potente, y Vigilante, con otros atributos ſemejantes, como afirma el Cuzary enel lugar precitado. Con que eſtos miſerables ciegos, eſtavan totalmente remotos,

tos del conocimiento dela Verdadera, y Primera Causa; Para desengañar pues a estos, se hazian milagros, para que viessen, y reconociessen que el gran Dios de Israel era Criador, y Autor dela Naturaleza, pues la altérava, y mudava como era servido, y a este fin convirtiò Moseh las aguas de Egipto en Sangre, llenò toda su comarca de Ranas, inmundó sus cuerpos con asquerosas Sabandijas, &c. Para que el blasphemo Parhó, retrocediesse delo que havia dicho, *No conosco a A.* y que las llagas, y molestias que padecian èl y su Reyno, le sirviessen de eloquentes Maestros que lo instruiessen, que .A. es Dios Criador del Cielo, y dela Tierra, y le hiziessen confessar a su pesar, como confessó despues ה' הצדיק *.A. es Justo.* Agora vereis como conviene bien lo Natural, y lo Milagroso, aunque ambos sean voluntad de Dios. Por que para el Israelita que sabe que lo que llamamos Naturaleza es voluntad de Dios, y él la govierna, son superfluos los milagros para esse objeto, y assi no hemos menester nos hijos do Israel, que Dios con-

Dios hizo Milagros para mostrar a los Gentiles que es Autor dela Naturaleza.

Para Israel no son necessarios milagros a esse fin.

convierta el imenſo Oceano en ſeco, para creer que èl es Criador, pues ſin eſſo lo ſabemos, y lo creemos; Pero para un perfido, y pertinaz Parhó, es muy neceſſario, por que viendo que la Mar ſe muda de ſu ſer ordinario, y obedece a la vara deMoſeh,es fuerçaque diga, luego Dios es dueño deſta Mar, pues la Mar obedece a ſus mandatos. Y para que comprehendais eſta ſanta, y verdadera Dotrina con fundamento, ſuponed, que hay un hombre que diſputa a un Rey el dominio de una provincia, diziendole, Señor, yo no me perſuado que ſeais dueño de tal tierra, quiere el Rey deſangañar a eſte incredulo, y hazerle conſtar que es dueño de aquella tierra; como harà para provarſelo? Si mandáre alos moradores de aquella tierra, que travajen de dia, y repoſen de noche, no perſuadira al incredulo que eſſos moradores ſon ſus Vaſſallos, y defieren a ſus ordenes, por que eſſo lo hazen yá de ſuio,pero ſi les mandáre velar la noche, y dormir el dia, como los verá mudar ſu inveterada coſtumbre, deduzira, y tendrà por infalible, que ſon Vaſſallos,

los de aquel Rey. Assi Parhò, Nebuhadnezar, y otros semejantes, ignoravan que Dios es Criador del mundo, viendo pues Parhò, que la Mar por orden de Dios se convierte en Tierra, y Nebuhadnezar que el Fuego, que por si es voraz, depone su voraziđad a la vista de un Angel, y obra lo contrario delo que suele obrar, es fuerça que arguia, que quien lo haze dessistir agora de su ordinário oficio es quien le dió vigor, para que hasta agora perseverasse en su quotidiano empleo.

Con que el axioma, *Sino hay Natuleza, no puede haver Milagro*, es verdadero, pero no es verdad lo que afirmais que es necessario que sea independente de Dios, antes es diametràlmente lo contrario, porque essa es la opinion del Gentil, y para desengañarlo deste abuso haze Dios el Milagro. Y assi dize entonces el Gentil, pues que el Sol paró por orden de Dios, es fuerça que quando anda, ande por orden de Dios. Ergo inferirá el Gentil, (e inferira bien,) este Sol es Criatura de Dios, puesto que le obedece tanto en

lo

lo Natural, como enlo Sobrenatural. Esta es la ilacion que pretende Dios del Gentil mediante el Milagro, y esta fue la que sacò Nebuhadnezar, quando viò a los tres Moços salir intactos del Fuego, y assi dize en Daniel Cap. 3. Ver. 23. *Sus señales quanto son grandes, y sus maravillas quanto son fuertes, su Reino, Reino de siempre, y su dominio con generancio y gtnerancio.*

No sè penetrar pues, que necessidad hay de suponer independencia en la Naturaleza? Ni que obstaculo, o repugnancia puede causar a los Milagros, si la Naturaleza depende de Dios?

Si. Si la Naturaleza depende de Dios, siguese que todas las Acciones humanas buenas, o malas, se deven atribuyr al mismo Dios, y no al hombre? y desta proposicion nacerian indispensablemente, dos gravissimos absurdos, Uno es, que no huviera Livre Alvedrio, Otro, que Dios fuera Autor del Pecado, y por consequencia cometiera injusticia, castigando al Pecador. Como tambien se derrocara el Objecion.

Articulo fundamental de nuestra Santa Ley, que es el Premio delos Buenos, y el Castigo delos Malos.

Re Estos son Argumentos Pueriles, e indignos de responderse.

Si. Como? Dessa manera despreciais una dificultad del peso, y consequencia que propongo?

Re. Estais muy poco versado en questiones, por que a no ser assi, no propusierais la que proponeis, Y para que reconozcais la infalibilidad delo que represento; Dezidme, Si yo hablando con vos, o con qual quier otro Israelita dixera, Grande milagro fue el que obrò Dios con Jehosuah mandandole parar el Sol, y la Luna, Pero advertid, que Dios es uno, infinito, omnipotente, y luego prosiguiera diziendo, pero maior portento fue el que Dios obró con Eliau, y Elissah, concediendoles la Resurreccion de un niño a cada uno, pero advertid que Dios es unico, infinito, y omnipotente, y fuera prosiguiendo a hazer reflexiones deste genero, o de otro con estas parenteses, no juzgàrais mi discurso estraño, y ridiculo?

Si

Si. No hay duda que por tal deveria juzgarse.

Re. Por que causa?

Si. Por que es superfluo rememorar, lo que nuestros niños saben, quando apenas empieçan a pronunciar la primera letra del Alphabeto.

Re. Aplicad pues esta respuesta a vos mismo, y como dizen nuestros Viejos השמע לאזניך מה שאתה מוציא מפיך

Si a vos pues pareciera esse modo de discurso superfluo, e importuno, por ser patente, y manifiesto a todos, como no quereis que me paresca vuestro Argumento por la misma razon superfluo, impropio, e inoportuno? No es ya notorio, que todo lo que predica el Judio es debaxo delos Articulos recebidos en Israel? Que pretendeis? Que todas las vezes que el H. H sube a predicar, haga una autentica declaracion, donde amoneste al Auditorio, que lo que deve dezir es conforme a la Santa Ley de Moseh? Ademas que este vuestro Argumento no tiene fuerça contra el Sermon, por que como ya os tengo suficientemente provado, no se trató enél dela Naturaleza

Particular,

Particular, sino implicitamente, no teniendo conexion con el Tema. Pero quando bien se infiriera lo que dezis, (lo que se niega) no sé como osais arguir contra essa tal Sentencia, (si se propusiera) quando vos sustentais con todo conato, que la Naturaleza toda, es independente de Dios?

Si. Yo no digo tal, pero afirmo que depende dèl, mediante la primera orden, o *Fiat.*

Re. Essa proposicion es contra la verdad, como os provare adelante.

Si. Bolviendo a Parhó, y Nebuhadnezar, digo, que confessando ellos, y reconosciendo mediante los Milagros, que Dios fue el Criador, y es dueño de la Naturaleza, les naceria en el mismo tiempo la Objeccion del Arrepentimiento?

Re. Grave obstaculo por cierto! Dezidme? Si un hombre huviera recebido una herida mortal en las Sienes, con la qual le huvieran cortado la arteria temporal, y el Cirujano rehusara curarlo, y dexára salir la sangre con riesgo manifiesto, e inevitable de la vida

vida del Paciente, por recelo de no dexarle cicatriz que le deformária la cara, que dixerais?

Si. Dixera que el tal Cirujano era homicida, y digno del mas atroz, y severo suplicio.

Re. Lo mismo era dexar a Parhó, y a Nebuhadnezar en sus ierros, e idolatrias, y no instruirlos en la verdad, por recelo, que no les molestasse el Argumento del Arrepentimento; Además que el Alma que cree fixa, y solidamente en la verdad, quando encuentra dificultades, las atribuie a su i capacidad.

Si. Assi es, nada delo que dixisteis niego, Pero buelvo a insistir afirmando, que si la Naturaleza no es independente de Dios, no puede haver Milagro, y es cierto que no me atreviera a seguir esta opinion, si no la viera clara, y patente en los versos, y sentencias delos Sabios que os aleguè ayer, Y agora me ocurre de mas a más lo que dezimos enla Bendicion dela Luna, que Dios señaló los a Astros fuero, y tiempo, para que no muden, ni alteren su orden, la qual es la que yo llamo Naturaleza por

donde

donde ſe ve que las Luminarias tienen un precepto fixo des del principio dela Criacion, el qual van inalterablemente obſervando.

Rc. Dos coſas noto en vos; la una es que os ſatisfazeis dela inteligencia ſuperficial de qual quiera autoridad, ſea de Ley, o de Sabios, y hallandoos apretado entre las anguſtias de un Dilema, os diſculpais diziendo, que no ſois Philoſopho, ni Logico; ſin reparar, que lo que hay que ponderar en nueſtra ſanta Ley, ſupera toda la agudeza de los Philoſophos, y toda la ſutileza de los Logicos. La otra es, que quando hallais una ſentencia aparentemente contraria a otra, no procurais conciliarlas, como es obligacion de todo buen Eſtudiante de evitar las controverſias, por aquel Axioma אפושי במחלוקת לא מפשינן *Que no ſe deven multiplicar queſtiones.* mas oponeis una a otra, ſin acordar-os que en otras ocaſiones afirmais con mucho fervor que en la Ley de Dios no hay contradicion, Lo que creo,y admito ſin replica, ni repugnancia, pero con una pequeña diſtincion, y es; En la Ley de de Dios no hay contradicion enella misma, Concedo y creo. No hay contradicion en nos por ella, Niego. Que enella por si no haigá contradicion, es Manifiesto, pues haviendo salido dela Boca de Dios, que es uno, assi su Ley es una, tanto la Escrita como la Vocal, o Tradicional, No hay contradicion en nos por ella. Niego. Por que si repararais en las autoridadas alegadas, como yo he reparado, no huviera lugar para las questiones que hay. Respondiendo pues a las Objecciones que propusisteis ayer enel principio de nuestra conferencia, pretendiendo provar, que hay Naturaleza Universal independente de Dios, por que dize el verso *Fuero diò, y no passarà*, digo, que es menester distinguir el modo dela Providencia Divina, y saber como obra en lo Natural, y como en lo Milagroso, Lo Natural milita debaxo de ciertas leyes generales limitadas, y circumscriptas, las quales imponen que el hombre que quisiere Trigo, siembre uno, que Dios le restituirà 40, ù, 50 por aquel uno; Que el hombre que quisiere sucession, tenga

Lo Natural pende de ciertos fueros limitados.

ga

ga copula con su Muger, mediante la qual concurra el marido contribuiendo la Materia Espermatica, y la Muger con la Sanguinea, y Dios concurrira formando el Feto, e infundiendole el Alma Racional; Este es un estatuto inalterable, que por la via que llamamos Natural, que es la Providencia Universal, y Ordinaria, Dios no dà sino le contribuien con la materia, y esto fue assi des del principio del mundo, y serà hasta su fin, y por esso dize el verso, *Estatuto diò que no passe.*

Si. Y como respondeis a la autoridad del Verso que dize, *Porduzga la Tierra ierva?* por donde se colige, que Dios tiene dado a la Tierra facultad de formar la ierva des de la Criacion?

Re. El genuino, y legitimo sentido destos dos versos es, que Dios concediò facultad a la Tierra que produzga ierva, y todo lo vegetable desdel principio del mundo, y este es un fuero inalterable, pues ninguna otra Criatura produze vegetable, sino es la Tierra, salvo en caso de milagro, como la vara de Aharon que produxo almendras, siendo

Por el primer *Fiat* solo la Tierra produze lo Vegetable.

endo ſeca, y no plantada; pero la cantidad que deve produzir, ſe determina enel Cielo, el ſanto dia de Ros Aſſanà, como ſe vé en la Reza del Muſáph; que dize ועל המדינות בו יאמר אי זו לרעב אי זו לשבע *Y ſobre las provincias enél ſe determina, qual deve padecer hambre, y qual deve gozar abundancia.* De manera que la facultad de produzir lo vegetable, la poſſee la Tierra en virtud del primer *Fiat*, pero la cantidad delo que deve produzir, depende totalmente dela ſentencia de Ros Aſſanà.

Si. Segun eſto convénis con migo en creer, que la Naturaleza obra mediante el primer *Fiat*.

Re. No quiero agora diſtraherme deſte punto, pues adelante vereis quanto difiero de vueſtra opinion. Lo que ſe dize eu la Bendicion dela Luna, *Que Dios eſtableciò a los Aſtros un fuero y tiempo fixo, e inalterable.* חק וזמן נתן להם שלא ישנו את תפקידם Quiere dezir que Dios inſtitutiò al Sol *V. G.* unos rerminos, tanto reſpeto del tiempo, como del lugar, que no deve

Aſtros uo pueden exceder un termino limitado

deve excederlos Con que no puede passar los Tropicos, ni llegarse mas al Polo Artico que al Antartico, o a este mas que a aquel, Y por consequencia, no puede llegarse mas a nuestro Zenit delo que haze enel Solsticio Estivo, ni apartarse mas dél delo que haze enel Solsticio hyemal; No puede alterar la medida delos dias haziendolos maiores, o menores, deteniendose sobre nuestro Emispherio mas delo que deve, o escondiendose debaxo del Horizonte, antes del tiempo que deve; Y si es que el Cielo es Liquido, no puede llegarse a la Tierra, ni apartarse mas delo que deve. Lo mismo se deve aplicar a la Luna, y alos de mas Planetas, y Astros respetivamente. Assi como el estomago no puede pensar, ni la cabeça digerir, ni los ojos oir, ni los oidos ver, assi la Tierra no puede alumbrar, ni el Sol produzir Vegetables, ni la Mar salir de su concavidad, Y por fin desengañad os, que Dios solo govierna el mundo, y los Angeles no son mas, que executores de su divina voluntad enél, y él solo Bendito sea su Santissimo Nombre, es el Criador, y el Formador de todas las Criaturas que se produzen

duzen enel mundo de qual quiera genero, y especie que sean como afirma el Docto, Sabio, y Pio Haber (Arriba pag. 25. Parag. 77.) Pero como él supone esta dotrina sin provarla, siendo superfluo hazerlo, por no valerse della, sino con titulo de comparacion, Yo que trato en ella de proposito, (pues es el objeto de nuestro coloquio,) devo mostrarlo con las mas eficaces razones que me presentare la tenuidad de mi flaco talento. Devese pues notar, que enla Guemarà de Berahot פ׳ו דף ל׳ח ע׳א se determina, que se deve dezir sobre el pan la bendicion *El sacán pan dela Tierra* המוציא לחם מן הארץ porque el participio Sacán denota tambien tiempo preterito, y declara nuestro insigne Rassi, ser la razon, *por que la Bendicion deve ser por lo passado, estando ya este pan sacado dela Tierra.* רש״י ז׳ל דאפיק משמע שהוציא כבר והא ודאי ברכה הגונה דלשעבר בעינן שהרי כבר הוציא הלחם הזה מן הארץ שהוא בא ליהנות הימנו: Lo que pretendo inferir desto es, que el Sacàn pan dela Tierra, puede esplicarse en dos sentidos, y ambos aplicables a las palabras dela Bendicion, puesto que se puede entender por la especie, y que quiera dezir, Bendito el Senor que sacó la especie del pan dela Tierra, y entonces se podia entender por la Criacion de aquella especie en los primeros seis dias; o tambien por este pan individual que tiene enla mano, con que sea el sentido dela bendicion. Bendito tu .A. que sacaste este pan que devo comer dèl agora, dela Tierra, para nutrirme. Segun la glossa de Rassi seguida de todos los autores, se entiende en este segundo modo individual. Lo mismo se deve entender por las demas Bendiciones delos alimentos, como *Criàn fruto dela Tierra. Criàn fruto del Arbol, &c.* Y aunque en la misma Guemara de Berahot פ׳ח דף נ׳ח ע״ב se determina, que en Saliente Sabat se deve dezir *Criàn luzes del fuego* בורא מאורי האש y el participio Crián entonces representa tiempo preterito, y se refiere a la primera Criacion del Fuego, que Dios

Crian fruto, &c. Se entiende por el individual que se come, no por el especifico de los seis dias dela Criacion.

Dios hizo, y no a este individual, que tenemos delante quando bendezimos, segun explica Rassi, y convienen los Autores, no por esso se puede inferir del Fuego para los alimentos; por que para el Fuego se ordenó essa bendicion en Saliente Sabat, no por el Fuego individual, sino por el primero Criado, y especifico, y la razon es por que dizen los Sabios que fue Criado en Saliente Sabat, pero en los Alimentos, el participio *Criàn fruto dela Tierra*, significa un preterito proximo, no remoto, como el del Fuego, y el fruto del Arbol, o dela Tierra, se entiende por el individual, no por el especifico, segun explica Rassi, seguido de todos los Autores, como se puede facilmente ver enel prealegado lugar.

Devese mas notar que el verbo ברא *Barà Criar*, no solamente significa *Criar Algo de Nada*, mas tambien *Algo de Algo*. Assi vemos que haviendo Dios formado a Adam de Tierra, y a Havá dela costilla de Adam, se sirve para descriuir esta formacion, del verbo *Criar*. Como se lee. Genesis 1. Ver. 28.

Bara Criar se toma tambien por criar Algo de Algo.

28. *Y criò Dios al Hombre con su imagen, con imagen de Dios criò a èl, Uaron, y Hembra criò a ellos.* Luego aunque Dios se sirva de materia, para formar qualquiera Criatura, bien se puede llamar essa Criatura, Criada; Siguese pues destas premissas, que Dios se llama Criador, no solamente respeto delo que criò en los seis primeros dias, que fue *Algo de Nada*, pero tambien por lo que quotidianamente cria aunque es *Algo de Algo*, pues no lo quiere hazer sin que le contribuyamos materia, y assi lo entendian los Divinos Senadores dela Gran Congrega, pues nos mandan que llamemos a Dios Criador de aquel fruto individual que tenemos en la mano paro comer. Devese finalmente notar, que el Atributo בורא *Boré Criador*, No conviene sino a .A. Dios de Israel. Conque siendo que las Bendiciones de *Crian fruto del Arbol, Crian fruto dela Tierra*, &c. Se atribuyen a este nombre *Borè*, y se entiende como queda provado por el fruto individual que se tiene en la mano, siguese, que este fruto individu-

El Atributo de Criador conviene solo a Dios.

al

al lo hizo Dios, no la Náturaleza, no el Angel, puesto que nadie puede criar sino Dios solo, como dizen los Sabios en Beressit Rabah סדר לך לך פ׳ ל״ט אם מתכנסין כל באי העולם לבראות אפילו יתוש אינם יכולים *Que si todos los moradores del Mundo se juntaran para criar un Mosquito, no pudieran.* Y segun vuestra sententencia, la Naturaleza que es una Criatura, cria no solamente Mosquitos, mas Gamellos, Elephantes y Ballenas. Del verso *Produzga la Tierra Yervà*, no podeis deduzir nada a favor de vuestra hypotesis. La razon es, por que Dios manda allı a la Tierra que produzga, pero no le manda que forme lo que produze, y es apunto como la muger que pare el niño, y se forma en su vientre; Con que assi como dezimos que la muger pare el niño, assi hemos de entender que la Tierra sirve a los vegetables, minerales, &c. de matriz que los conserva, pero no de mano que los forma, siendo esse oficio dela invisible, y omnipotente mano del Criador. La experiencia comprueva esta verdad pue-

La Tierra produze los vegetables, pero Dios los forma

pues nadie en el Mundo ha visto que la Tierra forme yervas, plantas, ni frutos, ni que ella forme los matizes de flores; que los produzga si.

Si. Antes de passar adelante, dezidme. No puede ser que la Tierra forme todo lo que dezis? por aquella Naturaleza que Dios le dió de formar?

Re. Bien creo que si Dios quisiera pudiera averlo hecho, pero creo que no lo quiso hazer, y lo reservó para su omnipotente mano. La razon es por que no hay duda que el Feto enel animal, es dela misma especie que su Padre, y Madre, pero el Padre no contribuye mas que la materia, la Madre la Materia y el lugar, y con seren todos de una misma especie, el Padre la Madre, y el Feto, ya queda provado que ninguno delos dos lo forma. Si enlos Animales pues aunque Padre, Madre, y Feto, son dela misma especie, no forman el Feto, como quereis, que la Tierra que no es del genero del Trigo, forme el Trigo?

Padre y Madre en los Animales aunque son de la misma especie del Feto, no lo forman

Si. Que haze pues la Tierra enel Trigo, o que oficio tiene.

Re.

Re. Es cierto, que contribuye por ſu parte como madre, con cierta porcion de materia, y ſirve de mas a mas de matriz, o de utero para que en ella ſe forme la eſpiga, Por lo demas, de todos los que contribuyen a formar el trigo, ninguno dellos es trigo, ſino es el grano ſembrado, el qual diremos que tiene el oficio, que tiene el padre en los animales, pero madre dela miſma eſpecie no ſe le halla, por que ni el Sol, que contribuie para el trigo, es trigo; Ni la Lluvia que tan neceſſaria es para eſſo, es trigo. Si los racionales pues que ſon incomparablemente mas nobles que los iracionales, y eſtos que ſon incomparablemente mas que los Vegetables, no tienen poder para formar ſus embriones, o fetos, que ſon de ſu meſma eſpecie, como podeis perſuadir-os, que la Tierra mas ignoble que eſtos, forme los vegetables, que tanto la exceden en nobleza, y perfeccion, quanto el ſenſitivo al vegetable? Pue- Objeccion. deſe replicar a eſto, que para formar los Animales, como mas perfectos que los Vegetables, es neceſſario que concurran Padre, y Madre de una eſpecie,

 pero

pero en los vegetables como mas imperfectos, basta que el Padre sea dela misma especie. No contravengo a esto ; Pero ni por esso se resuelve la duda, por que para que la Tierra produzga trigo es menester indispensablemente suponer una de tres cosas, o que Dios desdel principio dela Criacion, puso en la Tierra tantos atomos de trigo, quanto puede produzir hasta el fin del mundo, como por exemplo un sulco de Tierra de 100 varas de largo, es capaz de produzir desdel principio del mundo hasta el fin dél, mil sacos de trigo, estos, Dios se los puso dividìdos en corpusculos invisibles en la Tierra, repartidos de forma que se agreguen al grano sembrado, como quieren los modernos Atomistas, O es fuerça creer que este trigo venga invisiblemente del ambiente, donde se suponga estar dividido en corpusculos, o finalmente que mediante las alteraciones, y fermentaciones que se hazen en la Tierra concurriendo el Sol, e interviniendo la Lluvia, la misma Tierra se convierta en Trigo ; En fin concibase esta formacion como se quisiere,

siere, ningun entendimiento se dexará inducir a creer, que lo que no pueden formar dos Animales de una misma especie en un individuo de su misma especie, pueda formar una cosa inanimada, como es la Tierra, en un individuo deo trogenero superior al suio, y animado como es lo vegetable.

Lo Inanimado no puede produzir una cosa Animada Objeccion.

Si toda via se insistiere diziendo, que manifiestamente vemos nutrirse el superior del inferior, como lo vegetable delo inanimado, lo sensitivo delo vegetable, y lo racional delo sensitivo, y siendo irrefragable verdad apoiada a la quotidiana experiencia, que el alimento se convierte enla substancia del sugeto alimentado, *Alimentum convertitur in substantiam aliti*, Podrase argumentar, que assi como el vegetable reduzido a alimento se convierte en sensible, y lo sensible reduzido a lo mismo, en racional, lo inanimado tambien se podrà reduzir a vegetable, con que la Tierra se podrà convertir en Trigo? Este argumento en verdad es muy aparente, ostentativo, y capaz de persuadir a ciertos entendimientos que se satisfazen delo superficial, y pomposo, pero

El superior se nutre del inferior, como el sensitivo delo vegetable, el racional, delo sensitivo.

el

el entendimiento agudo, y penetrante, bien reconocerá un no sé que de diferencia, no facil a esplicarse, a lo que supliré yo con una distincion, y es, que todos los Philosophos, y Medicos convienen, que el Feto enel utero, no se nutre del mismo genero del alimento, que se nutre despues de nacer, aunque controvierten enel genero del alimento, y enel medio por donde se introduze. En orden al genero, algunos entienden que se alimenta de lo mas puro dela materna sangre, Otros de cierto liquor contenido en la Tunica que llaman Amnios, donde està el Feto como nadando. En orden al medio por donde se intreduze, los que sustentan que es sangre, juzgan que se introduze por el ombligo, Los que siguen la opinion del liquor del Amnios, dizen ser como una leche aquosa, y que el Feto lo chupa con la boca. Sea como fuere todos convienen, que es lo mas puro, y lo mas escogido, y separado dela parte tartarea, y crassa, como se suele dezir en las Escuelas; Siendo pues que los Animales enel tiempo de su formacion, se nutren,

El Feto enel utero, no se nutre del mismo genero de alimento, que despues de nacer.

Por donde se introduze el alimento enel feto?

nutren de un alimento mas depurado, y defécado delo que ſe nutren deſpues, no sè ver donde lo puede haver en la Tierra ? y como puede ella ſiendo inanimada, nutrir la Planta eſtando en embrion, e introduzirle el Alma Vegetativa ? Y puede ſer que eſta ſea la intencion delos Sabios, que enel Zohar דפוס לובלין פ׳ קדושים דף מ׳ ע״ג dizen, que cada ierva tiene ſu Angel que la obliga a nacer, moſtrando que la Tierra no puede infundir a la Planta el Alma Vegetativa que tiene. Lo que ſe infiere pues de todo eſto es, que Dios ſolo es el que dá forma, y figura a todo, no la Naturaleza Particular, pues Univerſal no hay otra, ſino es la Divina Providencia.

Dios ſolo forma, y figura todas las Criaturas

Lo que alegais dela Bendicion dela Luna no prueva contra mi, por que tengo autoridad autentica, por la qual vereis que no deveis eſplicar eſſe paſſo como lo eſplicais, pues dezimos cada dia המחדש טובו בכל יום תמיד מעשה בראשית כאמור לעשה אורים גדולים כי לעולם חסדו que quiere dezir, que *Dios renueva cada dia todo el mundo*, y prueva del verſo del Pſalmo mo 136. *Al hazion luzes grandes, que para ſiempre ſu merced*, Tomando el participio *hazien* enel riguroſo ſentido gramatico, que denota tiempo preſente, בינוני Luego ſi Dios cada dia renueva el mundo, por lo que afirman los Senadores delaCongrega Grande, de cuio numero eran los tres Prophetas Hagay, Zehariah, y Malahy, y el Santo y Pio Daniel, ſe deve entender, que cada dia Dios infunde al mundo, nuevo eſpiritu, y vigor, para que perſevere en ſu acoſtumbrado curſo, Es pues cierto que renovandoſe los ſujetos, o el vigor, ſe renuevan tambien las ordenes, y preceptos. A eſta esplicacion correſponde la autoridad del Semot Rabáh פ׳ מ״ח que dize que el Sol, la Luna, y los de mas Aſtros no pueden ſalir a alumbrar, ſin primero tomar licencia de Dios, y lo prueva del verſo, *Y exercito delos Cielos a ti* ſe *encorvan*, Con que podeis hechar de ver, que ſiendo una autoridad, y otra de un miſmo Senado, no pueden ſer encontradas, y es fuerça esplicar la una por la otra, En la Reza de Sabat, y Fieſtas, nos manda dezir el miſmo Senado. *Todos te en*

Dios infunde Quotidianamente Vigor al mundo.

enal-

enalteceràn perpetuamente, formador de todo, Dios que abres cada dia las puertas del oriente, y abres las ventanas del Cielo, ſacas el Sol de ſu lugar, y la Luna de ſu morada. Deſtas autoridades ſe colige, que Dios cada dia abre las puertas del oriente, y ſaca el Sol. Luego ſiendo la autoridad dela reza quotidiana clara, ſin neceſſidad de eſplicacion, y ſiendo la dela bendicion de la Luna amphibologica, es meneſter eſplicar eſta por aquella, y no aquella por eſta, ſino es que quereis ſuſtentar, que haiga contradicion entre el Senado de ſi a ſi, lo que es increible.

Quando hay dos paſſos uno claro, y otro dudoſo, el dudoſo ſe deve explicar por lo claro.

Pero quando bien no huviera eſta autoridad dela Gran Congrega, hay otras no menos claras, y patentes en la Sagrada Biblia. Haviendoſe impueſto en tiempo de Nehemia, ſobre los que havian ido de Babilonia a Tierra Santa, un devoto, y ſolemne ayuno en 24 de Tiſri, como ſe lee enel miſmo Nehemià Cap. 9. Alaban los Levitas a Dios con eſtas preciſas palabras. *Tu A. a tu ſolas, tu hiziſte a los Cielos, Cielos de los Cielos, y todo ſu exercito,*

la

la Tierra, y todo lo que ſobre ella, los Mares, y todo lo que en ellos, y tu das uida a todos ellos, &c. Examinando exactamente los efetos que produze el Alma en el Cuerpo, entenderemos luego la intencion deſtos Santos Levitas, y aprenderemos una importante, y fundamental Dotrina de la Divina Providencia. Mando un Hombre hazer
Exemplo a un Pintor un Retrato, hizolo en toda perfeccion, y quedò tan ſatisfecho de verlo, que determinó mandarle hazer otro, para el ſiguiente dia, ſemana, o mes. Antes de empeçar, el ſegundo Retrato murió el Pintor, Sintiolo mucho el Hombre, diſguſtòſſe, quexosſe de ſu poca ſuerte, y en fin huvo meneſter quedarſe ſin el Retrato. Pregunto a eſte Hombre de que ſe quexa? Que le falta? Quien hizo el primer Retrato? El Pintor, Que ingredientes empleò para hazerlo? Colores, y Azeites? Ahi los tiene; Lienço, y Pinzel? Ahi los tiene, Quien lo pintó? el Pintor con ſus Manos? Ahi eſtán todos en ſer, Colores, y Azeites, Lienço y Pinzel, Pintor y Manos, Pues de que ſe quexa eſte Hom-

Hombre? Por que no manda hazer el Retrato? Por que el Pintor no lo puede hazer; Y por que no lo puede hazer? Por que está sin Alma, convertido en Cadaver. Luego aunque haigan todos los materiales, e instrumentos para hazer el Retrato, es impossible hazerlo, sino hay el Alma que vivifique el Pintor. Ergo bien mirado, el Alma lo hizo, y a Ella se deve atribuir, pues todos los materiales, ingredientes, e instrumentos sin Ella, sòn inutiles, y ociosos, Sin embargo, viendo el Retrato perfecto, dezimos, bien haigan Manos que tal pintaron, pero esse hablar es muy impropio, aunque muy comun, por que para hablar propria, y genuinamente deviamos dezir, bien haiga el Alma que tal hizo, pero tomamos los instrumentos por la causa. Aplicando pues el exemplo a nuestro proposito digo, que siendo Dios el Alma de todo, es infalible, que assi como enel Pintor faltando el Alma faltó la facultad de pintar, assi en todas las Criaturas ninguna exceptuada, faltando la Providencia de Dios, es fuerça que les falte la vida, el ser, y por consequencia la acciones.

David confirma esta Santa, y pia Dotrina enel Psalmo 104, diziendo. *Encubres tus faces se turban.* תסתיר פניך יבהלון Con que la vida, la existencia, y subsistencia de todas las Criaturas, consiste en aquella Santa, y Bendita Providencia que los anima, y vivifica, y no en la Naturaleza Universal, o otra qual quiera segunda causa independiente de Dios, que es la Unica, y la Primera. Pero queda una notable diferencia entre Dios, y el Pintor; Y es, que el Pintor si carece de ingredientes, instrumentos, o materiales, no puede por ninguna manera pintar, por que siendo estropiado delas manos, o faltandole Pinzeles, Colores, Lienço, Tabla, Pared, o qual quiera otra cosa que le sirva de materia subiecta; donde puede pintar? y como puede pintar? Pero a Dios, Bendita sea su omnipotencia, tódo le es superfluo, materiales, ingredientes, e instrumentos, pues haviendo criado todo de Nada no ha menester de Algo, para

para criar Algo. Y assi veinos que quando fue servido, hizo florecer la vara de Aharon, que no tenia raizes ni estava plantada, haziendola producir hojas, flores, y fruto, Quando enlo que llamamos Natural, que proviene como tantas vezes os he dicho, de Dios, no quiere Dios contribuir sino a quien contribuie, haviendo assi determinado desde la Criacion, que es lo que dize David que impuso un estatuto que no se deva prevaricar. חק נתן ולא יעבור Con que el Pintor sin Manos no pinta, por que no puede, Dios enel govierno Natural del mundo no contribuye, sin que le contribuyan, por que no quiere, salvo en caso de milagro.

Si. Y como respondeis a lo que entienden algunos de nuestros Sabios, como os dixe ayer, que el Planeta influie Sciencia, y Riqueza, y que Israel tiene Planeta? Como tambien que los Hijos, la Vida, y el Sustento no dependen del Merecimiento, sino de los Astros?

Re. Hanà dize patentemente, que Dios empobrece, y enriquece, y R. Meir dize, enel fin del Tratado de Kidnſſim que ſe deve pedir á Dios, que es dueño dela hazienda, y Riqueza, por que la Pobreza, y Riqueza, no dependen de ſer el oficio que profeſſa el hombre, mas, o menos lucroſo, ſino del merecimiento. Y enel Tratado de Nidà : פ״ב דף י״ו ע״ב dizen, que concibiendo la muger,el Angel pregunta a Dios, ſi aquel hombre que acaba de ſer engendrado, deve ſer Valiente, o Puſilanimo, Sabio, o Necio, *Rico*, o Pobre ?

Los Aſtros ſon indices dela voluntad de Dios.

Si. Como ſe deven entender eſtas ſentencias tan opueſtas ?

Re. No ſon opueſtas por cierto, ſino muy conformes, como ſerá facil de comprehender cou un exemplo. Suponed que un Ruſtico que nunca vio reloxes vea un amoſtrador, o indice de un relox, ſin ſaber del artificio delas ruedas y peſos. Eſte juzgarà, y afirmarà que eſte indice de metal tiene una virtud intrinſeca, por medio dela qual mueſtra las horas, El que ſabe la verdad, no negará el efeto, pero affir-

afirmarà que las ruedas hazen andar el indice, y el que fupiere mas, dirà que los pefos lo hazen andar, y todos tres hablan verdad, Pero con efta diferencia, que el que dize, que el indice mueftra las horas, dize verdad, confiderando folamente el efeto, fin las caufas. El que dize las ruedas, confidera la caufa proxima, y menos principal, Elque dize el pefo, la mas principal, pues firve como de alma, alas ruedas, y al indice, o amoftrador. Dios es la caufa principal, y el alma que vivifica todo, y haze andar todo, dize al Angel que effe Fetoha de fer Sabio, o Rico, el aftro no haze mas que indicar lo que eftá decretado enel Cielo, y effo es lo que dize R. Haniná, que el planeta influye Siencia, y Riqueza, a faber indica que effe hombre ha de fer Rico, o Sabio y efto es verdad, pero no repugna que haiga quien haga dezir, e indicar a efte Aftro, o Planeta lo que indica. Pero R Haniná habla del efeto fin confiderar la caufa, aunque la conoce, como el que dize, que el indice mueftra las horas fin confiderar ruedas, ni pefos. Lo que dize Rabah, que hijos vida, y fuftenſuſtento, penden del planeta, y no del merecimiento, habla generalmente, queriendo dezir, que eſtas tres coſas haviendolas Dios determinado desdela formacion del hombre, reveladas al Angel, e indicadolas por los aſtros, no ſuele revocarlas por merecimientos, ſino fueren muchos, y muy conſiderables, como los delos Patriarcas, o de Moſeh, Aharon, Samuel, Eliau, Eliſſah, y otros hombres eminentes como ellos en Santidad, y Sciencia. Pero ſi tuviere merecimientos ſuperabundantes es infalible que ſuperarà el obſtaculó del planeta, y vencerá la repugnancia delos Aſtros, que es lo miſmo que dezir, que Dios revocarà la ſentencia que diò contra aquel enla hora dela formacion, indicada por el Aſtro, o Planeta. Los Cabaliſtas explican eſtos dos nombres Merecimiento, y Aſtro, por otro eſtilo muy diferente, con que concilian las opoſiciones, pero yo omito de alegar ſu conciliacion, por que hablo como Teologo Literaliſta, no como Cabaliſta.

David Yiob, y los Sabios afirman que Dios forma el Feto.

Aſſi explican Toſſafot, en Sabat.
פרק מי שהחשיך דף קנ״ו סוף ע״א
aſſi ſucediò a nueſtro Santo Patriarca Abraham,

Abraham, al qual aunque el Astro lo indicava esteril, su exorbitante merecimiento, lo hizo fecundo.

Si. Quisiera que me explicarais esta materia metodicamente, como tambien que me dixerais, como entendeis esta question, de R. Yohanan, y R. Haniná, שבת בדף הנ׳ל Si Israel tiene Astro, o no lo tiene?

Re. Lo harè con mucha voluntad, tanto para satisfazer-os, como para que se imprima esta Dotrina, y se allanen assi muchas dudas, y questiones, que sobre ella suelen nacer. Lo que se puede inferir pues destas opiniones es, que el Astro no es mas que un indice, (como tengo dicho) delo que Dios tiene revelado al Angel, y segun la opinion que afirma que Israel tiene Astro, lo que indica es constante, e imudable, pero queda rehusada, y se determina que Israel no se govierna por Astros, no que los Astros no indiquen, pero que pueden no significar, ni acertar, por que si el Israelita fuere Santo, y pio, hará revocar la indicacion del Astro, que es la Sentencia que Dios tiene revelado al Angel, enla hora

dela

dela concepcion, Esta misma opinion sigue el precitado R. Meir en Kidussin, afirmando que la riqueza, o pobreza depende del merecimiento, o deficiencia dél y Rabáh que afirma que los hijos, vida, y sustento, dependen del Astro, quiere dezir, delo que Dios determinò enla hora dela concepcion, y es facil siga la sentencia] rehusada, que afirma, que Israel se govierna por Astros, a saber que la sentencia primera de Dios revelada al Angel, e indicada por el Astro, es irrevocable, salvo como notan Tossafót, que entiende que esso sea enel vulgo, exceptuando los Santos, y Pios. Deviendo advertir, que lo que queda determinado enla Guemarà es. que Israel tanto en general como en particular, no pende delos Astros, sino de sus acciones, como consta por los exemplos alegados alli en la Guemará, de personas particulares, que por acciones pias escaparon de peligros manifiestos, e inevitables, aunque los Astros indicassen que havian indispensablemente de perecer en ellos Y veis aqui patentemente como todo depende de Dios, y todo es governando por su

Israel tanto en general como en particular no pende delos Astros ſu ſantiſſima Providencia, explicado en forma que todo correſponda a la Autoridad de nueſtra ſanta Ley, a la Dotrina de nueſtros venerables Sabios, y al dictamen del entendimiento, que ſino me engaño, queda contento, ſatisfecho, y capazitado.

Si. Toda via os queda por explicar, el Aphoriſmo de Havodà Zará que dize, *Que el mundo corre ſu curſo.* עולם כמנהגו נוהג

Re. Yo me perſuadia, que me eſcuſariais eſta moleſtia, pues delo que he dicho haſta agora, teneis materia ſufficiente para reſponder eſte Maamar, o qualquiera otro que parezca repugnar a la infalible Dotrina que he aſſentado, pues con las quatro Autoridades precitadas, a ſaber, la dela reza quotidiana que dize, que *Dios rènueva cada dia la obra del principio.* המחדש טובו בכל יום תמיד מעשה בראשית La de Sabat que dize, *Que Dios abre cada dia las puertas del Oriente,* הא׳ הפותח בכל יום דלתות שערי מזרח con el verſo de Nehemià 9. que dize, *Tu vivificas a todos* Como ſe entiende lo que dizen los Sabios, que el Mundo corre ſu curſo.

ellos, ואתה מחיה את כלם y finalmente con la del Pſalmo 104. que dize, *Encubres tus fàzes ſe turban*, תסתיר פניך יבהלון ſe puede, y ſe deve reſponder á eſſa, y a qual quier otra opoſicion que ſe pueda hazer; Sin embargo reſponderê a eſſa en particular en pocas palauras. Para que reconozcais pues, quan agena es la intencion delos Sabios delo que pretendeis, reparad que dizen en *Havodà Zarà* פ׳ד דף נ׳ד ע׳ב (arriba Pag. 5.) *Que la Muger Adultera, no devia concebir de Adulterio, mas el mundo ſigue ſu curſo, y los locos que pecaron daràn la quenta*, y ſigue diziendo. *Y eſto es lo que dize Reſlaquis, Dize Dios, no les baſta a los malos, que hazen mi imprenta publica, ſino tambien que me obligan a ſellar. Y declara Raſſi que yo formo el Niño por fuerça, por que tengo ordenado que el mundo ſiga ſu curſo*; ר׳א הרי שבא על אשת חבירו דין הוא שלא תתעבר אלא עולם כמנהגו נוהג והולך ושוטים שקלקלו עתידין ליתן את הדין: והיינו דא׳רל אמר הק׳בה לא דיין לרשעים שעושין סלע שלי פומבי אלא שמטריחין אותי

אותי ומחתימין אותי בעל כרחי : ופי״רשי ז״ל שמטריחין אותי שאני יוצר הולד על כרחי ומולידין שהרי גזירה לפני שינהוג העולם כמנהגו Con que veis aqui, como Dios es el que govierna, pues llama al Feto que él mismo dize que forma, curso del mundo. Enel Tratado de Nidah פ״ג דף ל״א ע״א dize quatro vezes, que Dios forma, y figura el Feto enel vientre de su madre; Con que me parece que basta para provar mi intento, y resolver vuestras objecciones; Y para terminar este punto, Dauid dize enel Psal. 139. כי אתה קנית כליותי תסכני בבטן אמי *Que tu criaste mis riñones, me cubriste en el vientre de mi Madre.* No dize que Angel, ni Naturaleza: Y Iob enel Cap, 10. dize: ידיך עצביני ויעשוני וגו׳ *Tus manos me formaron, y me hizieron. De cierto como leche me derretiste, y como quezo me cuajaste, De cuero, y carne me vestiste, y con guessos, y nervios me cubriste*; No dize que la Naturaleza, o el Angel. Y David enel verso precitado quiere provar, que la escuridad no lo puede encubrir de Dios, siendo para èl la noche, dia, y la escuridad, luz, y lo prueva, por que Dios lo criò, y formò enel vientre

vientre de ſu Madre; Si dezimos pues que Dios forma el Feto, nace la conſequencia que quiere deduzir David, y es, *Dios me criò en un lugar eſcuro ſin luz; Ergo ve en la eſcuridad, y no puedo eſperar encubrirme de ſu preſencia.* Pero ſi dezimos, que la Naturaleza, o el Angel forman el Feto, no es buena conſequencia dezir, el Angel, o la Naturaleza forman el hombre en un lugar obſcuro, Ergo Dios ve enla eſcuridad. En Berahót פ״א דף י׳ ע״א dizen los Sabios.

Que el hombre pinta una figura en la pared, pero que no le puede infundir eſpiritu, ni alma, interiores, ni entrañas, pero Dios forma una figura dentro de otra, (entiende por el feto,) *y le infunde Alma, Eſpiritu, Tnteriores, y Entrañas,* y aſſi añaden luego *que no hay formador como nueſtro Dios.* אין צייר כאלהינו

Los Sabios arribuyen a Dios lo que vulgarmente ſe atribuye a la Naturaleza.

En Bereſſit Rabà פ׳ י״א narraſe, que haviendo preguntado vn Gentil a R. Haquibà, por que preciando Dios tanto el Sabàt, hazia enèl ſoplar Viento, baxar Lluvia, y nacer Yerva,? Reſpondiole que aſſi como un hombre que tiene un patio ſuio, puede en Sabàt llevar, y traher en todo el patio, aſſi Dios ſiendo unico Dueño del Mundo, ſin haver quien participe

ticipe conèl, puede hazer lo que quiere ſin quebrantar Sabat, Si eſte Eminente Sabio entendiera, que Naturaleza, o Angel govierna el Mundo, pudiera con mas facilidad reſponder, que no era Dios el que hazia eſſo, pero dize que Dios lo haze, ſin quebrantar Sabát, por que todo el Mundo es ſuio, Luego R. Haquiba entiende el verſo que ſe alegó enel Sermon, *Cubrien Cielos con nuves, &c.* como lo explicò el H. H. y no de otra manera. En Kiduſſin. פ׳א ע׳ב דף ל״ב Narran que hallandoſe R. Elihezer, R. Yehoſuah, y R. Zadok enla boda del hijo de Rabán Gamliel, elmiſmo Rabán Gamliel con ſer Principe, les ſervia de copero, dandoles de bever, preſentó la taça a R. Elihezer, no la quiſo recebir por modeſtia; preſentola a R. Yeoſuah, y la recibio alegando que ſi Abraham ſe dignó ſervir a los tres Angeles juzgandolos por Alarves, bien podian ſufrir ellos que R. Gamliel los ſirvieſſe. Proſiguió R. Zadok diziendo, para que alegais Exemplo de hombre, teniendolo de Dios Bendito? Pues haze ſoplar los Vientos, haze ſubir las Nuves, haze baxar la Lluvia, haze produzir la Tierra, y ordena la Meſa delante cada uno, y uno,

Con

Con que R. Zadok que pronunció eſta ſentencia, y los de mas Sabios circunſtantes, que eran Tanaim, y por conſequencia archivos dela Tradicion, paſſaron por ella ſin oponerſele.

Lo miſmo hazen los Cabaliſtas. Los Cabaliſtas admiten, enſeñan, y predican eſta miſma verdad, leiendoſe en Rahia Mehemná en la Paraſſa de Bò דפוס לובלין דף ע״א No hay Criatura que no tenga en ſi la impreſſion deſte Santiſſimo nombre (quadriliteral) para que conozca quien la criò. Aqui no habla ſolamente delas primeras Criadas en los ſeis dias, mas tambien delas que nacen quotidianamente. y afirma que las Cria Dios, no la Naturaleza, ni el Angel. El miſmo Zohar en la Paraſſa de Pinhas דף ק״ח ע״א dize *Que Dios llena todos los mundos, y que no hay otro Dios que les de vida,* como dize el verſo, *Y tu vivificas a todos ellos.* Y finalmente el Yalcut Reubeni enle Péraſſa de Bereſſit דף י״ סע׳א dize en nombre del *Canfé Jonà,* Autor muy venerado en la Italia por ſu Sciencia, y Santidad, *Que el Infinito Bendito ſea ſu Nombre, eſtà ſiempre con ſus efectos, y nunca ſe aparta dellos, ſino ſu Providencia aſiſte conti-*

nua-

nuamente a qual quiera Criatura, ſea vil, o noble &c. Tel que dixere que hay alguna Criatura grande, o pequeña a quien Dios totalmente no acude con ſu Providencia, niega los principios, &c. y todos los Libros de nueſtros divinos Cabaliſtas, convinenen en eſto. Nueſtro Senado dela Congrega grande nos mandan atribuir en todas las Bendiciones a Dios, todas las acciones que parecen meramente naturales, y aſſi dezimos la mañana *Que Dios viſte deſnudos, que guia nueſtros paſſos, Que nos haze todo lo neceſſario, Que nosquita el ſueño delos ojos*; Conque es patente, manifieſto, inconcuſſible, y determinado en Iſrael, que Dios governa todo, diſpone de todo a ſu voluntad, y no ha comúnicado, ni transferido ſu abſoluto poder a ninguno, por que él vivifica todo, y con ſu Providencia exiſten, y ſubſiſten, y en retirandoſe buelven al nada, como dize el Real Pſalmiſta *Encubres tus faces ſe turban, &c.* Y ſi hay algunas palabras enel Talmud, o Medraſſim, que parecen, repugnar a eſta irrefragable verdad, ſe deven explicar por eſte ſentido, y no por otro, como os dixe enla Bendicion dela Luna. *Si.*

Si. Yo me induxera facilmente a lo que dezis, sino hallára la autoridad del Zohar, repugnante a este principio, pues en muchas partes, (como sabeis) dize, que hay Angeles deputados sobre el Fuego, sobre el Agua &c. Es fuerça luego segun estas palabras dezir, que estos Angeles tienen dominio absoluto sobre estas Criaturas?

Tratado de los Angeles. *Re.* La mucha relacion, y parte que tienen los Angeles con las cosas Naturales, tanto Esfericas, como Sublunares, y Elementares, me obliga a tratar dellos, explicando todo lo que juzgáre necessario para perfecta inteligencia desta materia.

Que haigan Angeles, es tan claro en toda la sagrada Biblia, y enel Talmud, y Zohar, que es superfluo provarlo. En Beressit Rabah, se controvierte si fueron criados en Lunes, o en Jueves. Enel Cap. 4 de Pirque R. Elihezer, supone por assentado, que se criaron en Lunes, y essa opinion es la mas acepta y seguida.

Definicion de los Angeles. Rabenu Moseh, enla segunda parte de su Moreh Cap. 7. afirma, que son entendimientos apartados de materia, que tienen voluntad, y libre alverdrio, pero

pero que ſiempre quieren el bien, ſiempre lo hizieron, deſde la hora de ſu exiſtencia, ſiempre lo hazen, y ſiempre lo haran, ſin interrompimiento. Eſtos ſon miniſtros, y executores dela voluntad de Dios en ſus Criaturas animadas, e inanimadas. En Bereſſit Cap. 3. ver. 24. narra que Dios puſo los Querubim para guardar la puerta del Paraiſo Tereſtre. Enel Cap. 16. un Angel mandó a Hagar que ſe ſugetara a Sarah, y le predixo el nacimiento de Yſmahel, y la numeroſa poſteridad que procederia dèl. Enel Cap. 18 aparecen tres Angeles a Abraham disfraçados en hombres, y uno le prognoſtica el milagroſo nacimiento de Yſhac. Enel Cap. 19. Dos van a Sedòm eſcapar a Lot, embiandolo antecipadamente fuera della, y dizenle que devian ſubuertir aquella Tierra por orden de Dios, Son en fin inumerables los paſſos de nueſtra ſagrada Biblia, donde claramente nos manifieſta, el miniſterio delos Angeles, ſer el executar la voluntad de Dios en ſus Criaturas, para bien, o para mal.

Abraham dize a Elihezer Genes. 24, .A. *Dios delos Cielos embiarà ſu Angel delante de ti, y tomaras muger para mi hijo, &c.* Yahacob. Gene. 48. dize. *El Angel el redimien a mi de todo mal, bendiga alos moços.* En fin de *Reyes ſegundo* ſe lee, que haviendo David mandado numerar a Iſrael, Dios indignado, caſtigò al Pueblo con vna horrible peſte. Y enel Paralipomen. 1. Cap. 21. ver 16. narra, que David vió el Angel dañador con la eſpada deſvainada enla mano, tendida ſobre Yeruſalaim. En Daniel Cap. 10. y 12. ſe haze mencion de ciertos Angeles, que llama שרים *Sarim*, Señores, y aſſi nombra el Señor de Perſia, el Señor de Grecia, y Mihaèl a quien llama *El Principe Grande, que eſtà ſobre hijos de tu Pueblo*, ובעת ההיא יעמד מיכאל השר הגדול העמד על בני עמך de donde ſe colige que hay Angeles deputados ſobre las Naciones. Como tambien conſta del Exodo Cap. 14. ver. 19 que el Angel iva delante el Real de Iſrael, y enel miſmo Exodo Cap, 23. ver. 20. dize Dios, que queria embiar vn Angel, pára guardar a Iſrael por el camino.

no. &c. Delas prealegadas autoridades nos consta, que los Angeles son Ministros, Criados, Servidores, y Executores dela divina voluntad en sus Criaturas para bien, o para mal, llevan sus embaxadas, conservan, y destruien, edifican, y derriban, y finalmente hazen inviolablemente lo que Dios les impone, sin aspirar alo contrario, pues aunque tienen livre alvedrio, no tienen impulsos para desviarse delo que han eligido desdel principio desu Criacion, como afirman los Sabios en Sabat.

פ"ט דף פ"ו ע"א כלום יצ"הר יש ביניכם

Como hay Angeles Buenos, y Malos.

Con la definicion de Rabenu Mosch, y con esta sentencia de Sabàt, se puede entender, como aquel Angel que llamamos סמ"ך מ"ם או סמאל y otros llaman Lucifer, pudo tener malicia para induzir a Havá imediatamente, y a Adam mediatamente, a comer el prohibido fruto, mediante la Culebra, como atesta el Pirque R. Elihezer enel Cap. 13. pareciendo incomprehensible, que los Angeles puedan inclinar al mal? Pero deveis notar, que los Angeles como afirma Arambam enel lugar

 preci-

precitado del Moréh, tienen Uoluntad, y Livre Alvedrio como los hombres, con esta diferencia, que el hombre es inconstante, y voluble en sus deliberaciones, para bien y mal, y lo que elige agora U. G. pareciendole bueno, lo deshecha despues, detestandolo como malo, y esto procede dela fragilidad dela materia que lo circunda, y delos impulsos que tiene entre si opuestos, con que cada uno solicitando grangearlo, el que mas puede, vence. מאן דאלי״ם גבר Estos impulsos proceden del enemigo comun, que llamamos יצר הרע qual falta al Angel, y de aqui es que en lo que en lo que eligio desdel principio de su Criacion, en esso se quedo sin distraherse nunca, y assi los Angeles que llamamos buenos, fueron desde su principio buenos, y lo seran siempre, los malos como Lucifer, y sus sequaces eligieron el mal camino desdel principio, y en esse continuaron, y continuaràn, Esta Dotrina no es por algun modo opuesta a la de nuestros Cabalistas, por que bien considerada, una, y otra no difieren en mas, que una representa

Los Angeles Buenos fueron siempre tales, y lo seran perpetuamente, y lo mismo los malos para el mal.

el

el efeto ſin narrar la cauſa, otra ſe realça y ſe remonta a lo poſſible.

Nueſtros ſagrados Libros Talmud, Medraſſim, y Zohar, nos deſcubren que hay Angeles deputados ſobre los elementos, y los mixtos, antes ſobre cada eſpecie de Criaturas, y lo que hay mas que ponderar en eſto es, que en la Guemara de Sanhedrin פ׳ חלק דף צ״ד ע״א ſe haze mencion de un Angel que nombra la miſma Guemarà *Maioral del Mundo.* שר העולם y nueſtro gran Comentador Raſſi lo define מלאך שכל העולם מסור בידו *Es un Angel que todo el Mundo eſtà entregado en ſu poder.* Con que parece que a eſte ſe podia juridicamente aplicar el nombre de Naturaleza Univerſal, y a los Angeles ſubalternos deputados ſobre las eſpecies delas Criatutas, conſiderarlos como Naturalezas Particulares, y deſta manera pudieramos dezir ſer abſurdo ſuſtentar, que la Naturaleza Univerſal es Dios, quando Raſſi afirma, ſer eſte Angel, y entonces es verdad que la Naturaleza es una Criatura criada en los ſeis primeros dias,

Hay angeles Deputados ſobre cada eſpecie de Criaturas.

Angel llamado Sar Aholam.

Si eſte Angel es la Naturaleza Univerſal, y los ſubalternos la particular?

y

y por consequensia virificarse no poderse afirmar que Dios es la Naturaleza Universal, y esta opinion se ratifica con lo que enseña el divino Zohar, en muchas partes, llamando a estos Angeles no solamente ממנן *id est*, *Deputados*, mas tambien שלטונין que significa *Dominantes?* Pero en

Niegase. verdad, que ni tal imaginò Rassi, ni tal es la intencion del Zohar, sino muy diferente de lo que explicais, y para que quedeis satisfecho, alegaré dos, o tres passos dél, y vereis como no deven tener la inteligencia que pretendeis.

La primera autoridad, hallase en la Perassá de Beressit דפוס לובלין דף מ״ו ע״א donde dize, que la gente del Deluvio aunque oyan las cominaciones de Noah, que les advertia que havia de venir un deluvio universal para sumergir el mundo, no hazian quenta, por que conocian los Angeles deputados sobre el Agua, y el Fuego, y pretendian saber los detener, de forma que no les hiziessen daño. La segunda es del mismo Zohar en la Parassa de Kedossim דף כ׳ ע״ג donde

dize,

dize, que no hay Ierva por pequeña que sea, que no tenga su Angel, y que hay deputados dominantes sobre qualquiera cosa, y cosa desde la Craicion. El Maamar del Medras Ehá sobre el Verso. *Prophanò Reyno y sus Señores*, parece el mas opuesto a mi opinion, pues dize, que exortando Irmiahu al pueblo a penitencia para que evitasse la indignacion Divina, respondian que no temian de enemigos, por que uno dezia yo por medio delos Angeles, circundaré a Jerusalaim de una muralla de Agua, otro dezia de fuego, y otro de hierro; que hizo Dios, mudò el nombre de los Angeles; El del agua lo puso sobre el fuego, el del fuego sobre el hierro, &c. Quando llegò pues la ocasion del cerco de Jerusalaim, llamavan a estos Angeles, y no respondian.

Con que destas tres autoridades parece, que se infiere, que Dios entregò en poder destos Angeles, todas las Criaturas del mundo; Pero en verdad no es assi, ni tal dizen estos Maamarim, ni tal dellos se infiere, Que hay Angeles deputados sobre las Criaturas, se comprueva por las precitadas

das Autoridades, y otras que tengo alegado, y pudiera alegar, pero que destas se infiera lo que pretendeis, no por cierto, deviendo advertir-os, que estos Angeles, son deputados de Dios sobre aquellas Criaturas para executar en ellas, o por ellas, la voluntad de Dios quotidianamente, no la voluntad, y el capricho del Angel, que no es mas que un simple criado, y executor de la voluntad de Dios. Esto pruevo por tres razones apoiadas a incontradezibles, e incontrastables autoridades. La primera es el verso de Nehemiá, 9. que dize, *Tu das vida a todos.*

Los Angeles deputados sobre las Criaturas, no sons dueno dellas.

Pruevase por tres razones.

Y dize el Zohar prealegado que Dios llena todos los mundos, y que no hay otro Dios que los vivifique. Quien da vida dá tambien indispensablemente entendimiento, (en quien es capaz de tenerlo,) voluntad, y accion; Luego los Angeles que reciben la vida, de Dios, entienden la voluntad de Dios, quieren lo que quiere Dios, y hazen lo que manda Dios. Ergo la accion del Angel emana primariamente del precepto de Dios, el

qual

qual le infunde vigor, y fuerça para que la execute. Segundo. Los Angeles no tienen eſtimulo como nos, ni propenſion para obrar contra la voluntad de Dios ni deſobedecerlo; pues claramente eſcriven nueſtros venerables. y divinos Maeſtros en Sabat פ״ט דף פ׳ג ע״א כלום יצ״הר יש ביניכם *Que los Angeles no tienen apetite malo.* Segun eſto conſtandonos que una accion procede del Angel, no tenemos que dudar que no ſea de Dios, por que no ſiendo indiferentes como el Hombre para el bien, y mal, no pueden inclinar, ni pender ſino a la parte del bien, haviendolo eſcogido deſde el principio de ſu exiſtencia, y ſiendo el bien voluntad de Dios, ſigueſe forçoſamente que todo lo que obra el Angel es voluntad de dios, y por eſſa cauſa hallamos frequentemente en las Sagradas letras, que el Angel ſe atribuye el nombre de Dios, En lo que convienen todos nueſtros Comentadores Literaliſtas, y Cabaliſtas, aunque cada uno lo interpreta ſegun ſus principios.

No tienen impulſos para mal.

Todo lo que obran, es voluntad de Dios.

U Pero

Pero dado, que fueſſen dueños de aquellas Criaturas de quien ſon llamados deputados, (lo que ſe' negó, niega, y negarà) Pregunto. Si lo que exercen en ellas es voluntad de Dios, o no? me explicarè con un exemplo; La Tartaria, la China, y el Japon, ſon tres vaſtiſſimas provincias, muy pobladas, y mas preciſamente las dos poſtreras. Eſtas fueran feliciſſimas, ſino padecieran terremotes tan frequentes, y horribles, que arraſan, y ſubvierten Ciudades enteras, mucho maiores delas maiores dela Europa, y es eſta deſdicha en aquellas regiones tan deplorable, que tal vez no queda raſtro dela Cuidad, ni ſe conoce veſtigios della, quedando englutida, y ſepultada enlos abiſmos con todos ſus moradores, con que con eſte horrible caſtigo, deſparecen a vezes Ciudades de 100 mil vezinos, y mas.

Pregunto; Quien cauſò eſte caſtigo? La Naturaleza Particular de aquella Tierra? Ya que Univerſal no la hay, como queda provado.) Luego el acaſo induxo eſta miſeria ſin cauſa? o el Angel deputado del Agua, o Fuego, o Ayre lo hizo por ſu capricho?

Si.

Si. No creo que quien creiera esso pecàra, por que todos aquellos Pueblos, por lo que oi dezir, no conocen al verdadero Dios, y son totalmente ciegos idolatras, y por consequencia indignos que Dios los assista con su Divina Providencia, y los mire con los ojos de su infinita Misericordia.

Re. Es mucha verdad. Pero Nineveh tambien era tan idolatra como son estos pueblos, y sin embargo, bien sabeis lo que sucediò al Propheta Jonà, por rehusar de predicarle la palabra de Dios. Sabeis tambien el Milagro del Arbol Notuino, que tanto sintió el Propheta, y Dios le dixo que si el se compadecia de un Arbol que no lo havia plantado, ni cultivado, por que no se havia de compadecer su Divina Misericordia, de una Ciudad, donde vivian mas de 120 mil Hombres inocentes, y muchos Brutos tambien? La misma razon que movió Dios a compadecerse de Nineveh, lo moverá para la Tartaria, China, y Japon, o para qualquier otro pueblo, o Nacion, que padeciere la misma, o semejante calamidad, como Inundacion, Incendio,

Dios cuida de todas sus Criaturas, aunque no lo conozcan. Pruevase por Nineveh.

Epidemia, Peste, o otro. Con que si Dios tiene tanto cuidado de sus Criaturas, no podemos creer, que las dexe a la discrecion de Criados, y quando bien las dexe, (el que se niega,) no se havia de atrever un Criado, a deshazer las obras de de su Amo sin orden suia positiva, y expressa. Pero para hablar decisivamente, y no emplear el tiempo en suposiciones inutiles, digo, y afirmo, que qualquiera desgracia, calamidad, o congoxa, que suceda a qualquiera Nacion, Pueblo, o Particular, procede dela Divina Providencia, y lo mismo es si fuere bien. Pues assi nos lo dizen los Senadores dela Gran Congrega pues nos hazen dezir que en aquel Santo, y Venerable dia de Ros Assanà, se determina sobre las provincias si han de gozar Tranquilidad, o padecer Guerra, si han de padecer Hambre, o gozar Abundancia, y no dize que por Tierra Santa solamente se decreta, Dizen tambien, que todas las Criaturas son nombradas para Vida, o para Muerte, y enel primer Aphorismo de Ros Assanà dizen, que en aquel dia todos los nacidos del mundo passan delante de Dios-

Eh Ros Assana se sedeter., mina dela Vida, y Muerte de cada uno.

no,

no dize que los hijos de Israel solamente. Concluio, y determino luego, que todo lo que sucede enel mundo (fuera delo que depende del livre alvedrio del hombre,) emana, y procede de Dios, y no hay otro dueño enel mundo, ni superior mas que él solo, Bendito, Alabado, y Glorificado sea su Santissimo Nombre para siempre, que todo puede, y todo haze. Amen.

Toda esta santa, pia, verdadera, y divina Dotrina la encierra David enel fin del Psalmo 103. en tres versos, dize. *Bendezid a A. sus Angeles, barraganes de fuerça hazientes su palabra, para oyr en voz de su palabra. Bendezid a A. todos sus fonçados sus servidores, hazientes su voluntad. Bendezid a A. todas sus obras en todos lugares su dominio.* Aqui nos indica este santo Rey, el modo como Dios govierna el mundo, que es apunto como os dixe del relox. Dios manda a los Angeles, y les revela su voluntad, y por esso dize *Hazientes su palabra*, aludiendo a la revelacion que tienen, la qual hazen indicar, e influir a los astros, cuyos efectos se ven executados en los sub-

Lo que obran los Angeles, es voluntad de Dios.

sublunares, y por esso dize enlos Astros que hazen su voluntad, y no dize que oyen su palabra. Llegando despues ala execucion dize, que *En todos lugares su dominio*; enseñandonos que lo que vemos suceder eneste mundo es por su mandado, y voluntad, Si pues la Fertilidad, o Carestia, la Paz o la Guerra, la Enfermedad, o la Salud la Vida, o la Muerte delas Criaturas procediera de qualquiera otra causa, que tuviesse facultad de obrar por si, sin entervencion de su divina assistencia, entonces no tuviera lugar lo que dize David, que *En todos lugares su dominio.* Con que es cierto que si se subvirtió una Ciudad enel Japon, o en la China, Dios la hizo subvertir, por que *En todos lugares su dominio.* Si hay guerras enla Europa, Dios quiere que las haiga, por que *En todos lugares su dominio* Y assi podeis, y deveis discurrir en todo lo que passa enel mundo, tanto general como particularmente, verificandose que ni una oja del arbol se mueve sin voluntad de Dios.

Eſta dotrina es incontradezible, y cierta, por que ademas delas autoridades, y razones alegadas, el entendimiento alumbrado por nueſtra ſanta Ley jamas ſe dexara perſuadir a creer, que los Angeles ſean Señores de las Criaturas que tienen a ſu cargo. Y con mucha razon, por que eſſe fue el abuſo delos fundadores dela Gentilidad, como ſe colige del Divino Zohar דפוס לובלין פ׳ בראשית דף מ״ו ע״א Y creer que los Angeles ſon diſpoticos Señores de ſus Clientes, es creer lo miſmo que creian los Gentiles, los quales llegaron a tal extremo de ceguedad que a cada elemento, y eſpecie ſeñalavan ſu Dios particular, con que a Jupiter hazian Dios del Cielo, a Neptuno dela Mar, a Pluton del Infierno, a Marte dela Guerra, &c. A eſtos agregavan otros ſubordenados que llamavan Semidioſes, Faunos, Silvanos, Satiros &c. con otras abominaciones deſte genero, entendiendo que eſtos tenian abſoluto poder ſobre las Criaturas, que juzgavan eſtar debaxo de ſu patrocinio. Y algunos que creian entre ellos que havia un Dios

Gentiles creian que las ſegundas cauſas tenian Abſoluto Poder.

Dios maximo, creian tambien que no tenia comercio ni relacion con el mundo, Con que suponer que los Angeles sean dueños absolutos, es reputarlos Dioses, es bolver a la Gentilidad, sin otra diferencia que los nombres.

Nuestros Santos Viejos que en todo reparAron, y todo antevieron, no dexaron de remediar este abuso aun que laconica, y brevemente. Dizen pues en Medras Sohèr Tob הובא בילקוט ישעיה סימן שס״ז que el Angel Michaèl es avogado de Israel ובעת ההיא יעמד מיכאל השר הגדול העמד על בני עמך שהוא עומד ללמד סינגוריא על ישראל quando llama pues enel fin del Cap. 10. de Daniel, a Michael, señor de Israel מיכאל שרכם este Señorio no se deve entender dominio, sino Proteccion, defensa cargo, y cuidado, como los Governadores de Ciudades, o provincias que los llamamos impropria, y transumptivamente Señores, aunque no son en efeto mas que executores dela voluntad del principe en aquella Ciudad, o Provincia. Ni obsta el haver Angel con titulo de maioral del mundo שר העולם como tampoco que

diga

diga Rassi מלאך שכל העולם מכור בידו *Angel que todo el mundo està e tregado, en su poder.* Por que co[illegible]o [illegible]os tengo dicho, quando hay Sen[illegible]n-cias que parecen contra[illegible]enir a los Dog-mas, se deven adaptar essas Sentenci[illegible]s alos Dogmas, no los Dog[illegible]as a las Sentencias. V. G. el verso dize enel Deuteronomio 6. *.A. nuestro Dios .A. uno,* Y en Gen. hallamos euidentemente que dize, *Hagamos hombre.* que parece indicar pluralidad, Pero por que el verso del Deuteron. es Articulo, Dogma, y Fundamento dela verd[illegible]d que creemos, se explica el del Gen. por el Deuter. No el Deute[illegible]. por el Gene. y assi dezimos, y afirmamos que essa pluralidad no se refiere a Dios, sino a los Angeles, o Elementos &c. Con este metodo se deve proceder en todas las occasiones, y passos, que parelen ser opuestos a las reglas, que en su genero son Dogmas, y principios de aquellas materias que se tratan. Segun esto siendo manifiesto el Verso de David, y otros que aluden a lo mismo, que *En todos lugares su dominio* בכל מקומות ממשלתו es fuerça expli-

Quando h[illegible] sen-t[illegible]ncias con[illegible]r[illegible]-[illegible]s a los Dogmas, [illegible]e deve [illegible] [illegible] [illegible]la[illegible]er [illegible]n [illegible] p[illegible] el Dogma.

 car

car que quando Rassi dize, que este Angel tiene el mundo entregado en su poder, quiere entender que lo tiene para executar enél la voluntad de Dios, y no que sea dispotico Señor de governarlo a su gusto. Ademas, que quando bien lo governasse assi, era executar la voluntad de Dios, pues el Angel no tiene impulsos para lo contrario, como los tiene el hombre. Y quando querais sustentar la independencia, os hallareis cerrado en un dilema sin esperança de salida, Por que os bolverè a preguntar, si lo que haze esse Angel es lo que quiere Dios, o no? Si respondeis afirmativamente, convenis conmigo, que todo quanto sucede enel mundo es voluntad de Dios, si respondeis negativamente, negais lo que dize David, *En todos lugares sue dominio*, pues segun vos, huviera lugar donde se executàra una cosa contra la voluntad de Dios, y ya veis quan perniciosa, impia, y falsa fuera esta Dotrina. Negariais tambien el otro principio, que los Angeles no tienen impulsos para el mal, Es fuerça luego, que confesseis, que ni esse Angel llamado *Sar Abolam*,

ni

ni Mihael, ni otro qual quiera tiene abſoluto, ni deſpotico dominio ſobre el mundo, ni ſobre qual quiera de ſus Criaturas, ſea del genero, o eſpecie que fuere.

Para corroborar eſta infalible Dotrina, deveſe notar, que en Sanhedrin פ' חלק דף צ"ה ע"ב ſe afirma, que el Angel Gabriel es deputado ſobre la maduracion de los frutos. Suele pues ſuceder algunos años,que los frutos no ſe maduran ſuficientemente, de donde proceden epidemias tal vez de enfermedades ſolamente, y tal vez de muertes imaduras, y frequentes. Quien causo pues eſtas deſdichas? El Angel por ſu voluntad, ſin la de Dios, o con ella? Si dezis que por orden de Dios, Ergo Dios lo governa todo, Si dezis que el Angel introduxo por ſu guſto eſta flaqueza al Sol, y que deſſo ſe originaron las enfermedades, y dellas las muertes, negais la Autoridad del Muſſaph de Ros Aſſanà, que dize, que Dios en aquel dia determina quien ha de vivir, y quien ha de morir. Es fuerça luego dezir, que Dios determinò en Ros Aſſanà, que en tal provincia muriessen en esse año. V. G. 10 mil personas, y para executar esta sentencia mandò a Gabriel que hiziesse que el Sol anduviesse remisso con su calor, de forma que los frutos quedassen imaduros hasta tal grado, para que causassen enfermedades, o muertes. Con que desta manera, es verdad que Gabriel es deputado sobre el Sol, y sobre el madurar los frutos, y es verdad tambien lo que se dize en la Reza de Ros Assanà, y viene a ser que Dios lo manda, y Gabriel lo executa mediante el Sol. Con que queda suficientemente provado, que todo viene por voluntad de Dios, nada por voluntad del Angel.

Si. Buelvo a insistir que este Angel llamado *Sar Aholam.* deve ser, y llamarse Naturaleza Universal. pues èl provee a todo el Mundo, y desta manera conviene bien dezir, que es una Criatura criada en los seis primeros dias, y por consequencia buelve el primer Argumento contra el Sermon, que haviendose afirmado enél, segun vos, que la Naturaleza Universal es Dios, se atribuye a la Criatura el nombre del Criador.

Re. Si fuerais el primer inventor deste nombre, *Naturaleza Universal*, pudierais señalarle la definicion segun la idea que formarais del, pero los que la nombraron antes de vos, no lo entienden assi, con que no teneis facultad de alterar la comun acepcion, y significacion de un nombre, y quando bien la tuvierais, fuera para lo futuro, no para lo passado. Los que la denominan pues assi, entienden ser un *Absoluto poder independiente, que dà a todos, sin haver menester recebir de nadie*, Mirad aora si esta definicion puede competir al *Sar Abolam*, no siendo mas que un distribuidor del bien que recibe de Dios, para repartirlo segun las ordenes que tiene, y no de otra forma; y enel *Tiqun* 57. lo considera por un Gran Angel, pero por Servidor, y para explicarme con terminos mas inteligibles diré, que este Angel llamado *Sar Abolam*, exercita respetivamente el mismo cargo que el Gran Limosnero de un Rey, el qual destribuye la Limosna a los pobres, pero el Rey le dá para que dè. Con que el pobre que la recibe, deve agradecer al Rey, que se la manda distribuir, no al Limosnero que la distribuye. Esta

Definicion dela *Naturaleza Universal.*

No puede competir al *Sar Abolam.*

Es como el Gran Limosnero de un Rey.

Esta no es conjetura mia, es Dotrina averiguada en Israel, heredada de nuestros Padres. Deveis pues rememorar lo que ya os tengo dicho, en nombre de Rassi (*Arriba Pag.* 88.) que la Bendicion *Sacàn pan dela Tierra*, se entiende por el pan individual, que tiene el que bendize enla mano, para comer, como tanbien, lo que dizen los Sabios, (*Arriba Pag.* 97.) que cada yerva tiene su Angel que la haze crecer. El Trigo que es la materia de que se haze el Pan, es yerva, y sale dela Tierra, y quien lo haze salir es el Angel, segun la prealegada autoridad, Y con ser el Angel el que la saca, se atribuye la accion a Dios, y se dize que èl es, el que saca pan dela Tierra, Siguese pues forçosamente que siendo èl Bendito, y Glorificado sea su Santissimo Nombre, la fuente y el origen de todo, y la Causa Unica Independente, y Primera, a El solo, nos mandan nuestros Maestros, y Padres atribuir los efectos, que llamamos Naturales, y no a otra qualquiera dependente, y subalterna. Con que, aunque este Gran Angel sea el ducto, o canal, por donde passa el bien, para

Aunque segun el Zoar el Angel haze crecer la yerva, se atribuye enla Bendicion del Pan, a Dios.

para todo lo que le es subordenado, no por esso devemos, ni podemos atribuirlo a él, ח״ו *Absit*, sino al solo, y unico. A. nuestro Dios, y suyo. Mucho mas pudiera alegar para consolidar esta Santa Dotrina, pero' lo reservo para quando taatáre dela Divina Providencia, que será imediatamente, sino me interrompieren vuestras replicas.

Si. Yo no tengo que replicar mas, sino que de vuestras palabras se infiere, que con el mismo cariño acude Dios al Japon, que a Tierra Santa.

Re. No por cierto, sino con mucha diferencia, pues a Esta mira con Providencia mas particular, y precisa, que a Aquella.

Si. No sé en que pueda consistir esta diferencia, pero antes que expliqueis la Providencia, es fuerça que respondais al Maamar delos Angeles de Medrás Ehá (*Atras Pag.* 123.) que vos mismo confessais, ser el que mas os aprieta.

Re. Aunque os parece que me aprieta, no me ahoga, por que con las generales dichas, tengo respondido, Sin embargo quiero satisfazer-os en particular, Suponed pues que esto es, **Exemplo.**

como

como uno que presenta a un Ministro de su Principe, un precepto, o orden, donde le manda que viendo aquella señal, o sello suyo, imediatamente lo execute, no obstante qualquiera orden en contrario, que antecedentemente tenga, Que deve hazer en tal ocasion el Ministro?

Si. Executar la orden sin dilacion.

Angeles obedecian alos conjuros delos Hombres, por orden de Dios.

Re. Assi hazian los Angeles deputados, alos quales havia Dios mandado des del principio del mundo, que obligandolos el hombre, en virtud de su Santissimo Nombre, a alterar el estado dela Criatura, que tenian en su deputacion, lo hiziessen, pero enla destruicion de Jerusalem, hizo lo que oisteis; Con que de aqui no se puede argumentar que sean dueños dessas Criaturas, antes queda averiguado, que los Angeles no hazen, ni pueden hazer otra cosa, que lo que Dios quiere; Por donde se infiere, que quando bien Dios les huviesse dado absoluto dominio sobre las Criaturas, no pudieran executar enellas mas que la voluntad de Dios, y siendo assi, como en efeto es, essa potestad absoluta intrinsecamente considerada, no es otra cosa que la la voluntad de Dios, de quien el Angel es puro Executor.

Si. Explicadme como juzgais que Dios govierne el Mundo, con su Divina Providencia?

Re. Todo quanto Dios crió, y cria enel Mundo, lo fomenta, lo vivifica, y lo conserva con su santa Providencia. La qual *Es el Orden, Sciencia, y Arte, que preexiste enla mente Divina, para que las Criaturas consigan, y alcancen el fin, que Dios les tiene señalado.* Assi la define nuestro *Eruditissimo Dr. Ishac Cardoso, en su Philosophia Libera, Cap, de Providentia Dei, questio. XI. pag.* 750. Esta Providencia se puede considerar en dos modos, o estando enla mente divina, que llamaremos estar en Potencia, respecto de nos, que no la podemos penetrar sin Revelacion, o executandose enlas Criaturas, y entonces la llamaremos Acto.

Tratado dela Divina Providencia Definicion.

Se considera en Potencia y en acto y como.

Si. Esta Dotrina pide un exemplo.

Re. Dezis bien. Aqui lo teneis. Suponed que eneste Ros Assanà determinò Dios, que la cosecha del siguiente verano, sea muy fertil, es infalible, que para nos, que no lo sabemos, llamase estar en potencia, pero quando llegáre el tiempo, y cogieremos muchos frutos, es el Acto de aquello, que para nos era antes Potencia.

Si. La Providencia de Dios, es Dios, o no lo es?

Re. Es Dios infaliblemente.

Si. No puede ser; por que segun esso (valiendome de vuestro exemplo) los frutos dela Tierra del siguiente verano, fueran Dios.

Re. Muy bien me es manifiesto, que los Theologastros, y Philosophastros, que coligieron dela proposicion del Sermon, que las Criaturas son Dios, colegirian tambien desta, que los Frutos dela Tierra, son Dios, Pero no se deve dexar de predicar, y enseñar la verdad, por recelar la calumnia de algunos Idiotas, que presumen forjar Dotrinas enla oficina de su Ignorancia. Pregunto pues? Si la Sciencia de Dios, es Dios, o no? Es fuerça que respondais afirmativamente, sino es, que negais lo que escrive Arambam הלכות יסודי תורה פ״ב ובהלכו׳ תשובה פ״ה הבורא ית׳ הוא ודעתו וחייו אחד וכו׳ *El Criador Bendito.*

No se deve dexar de enseñar la Verdad por recelo de Calumnia.

El,

El, su Saber, y su Vida, es Uno. Lo que es impossible negarse. Deveis pues notar, que enla definicion dela Providencia se afirma, que es Sciencia; Nace pues este legitimo Sylogismo.

La Sciencia de Dios, es Dios, La Providencia de Dios, es Sciencia, Ergo la Providencia de Dios, es Dios.

La Providencia de Dios, es Dios.

Este Silogismo autentica la proposicion del Sermon, que la Naturaleza Universal es Dios. Por que se define. ser *La Sapiencia, y Arte, con la qual Dios rige, y govierna todo.* Con que se reconoce, que Naturaleza Universal, y Providencia, es lo mismo, por las definiciones; y David llama a esta Providencia, y a esta Naturaleza Universal, Dios; enel verso *Cubrien Cielos con nuves, &c.* Ergo la Proposicion del Sermon es pia, santa, y buena, Afirmar pues que la Naturaleza Universal es una Criatura, que Dios criò enlos seis primeros dias, es detestable absurdo, y enorme blasphemia, por que es llamar al Criador, Criatura, como ya os dixe; es negar la Autoridad de David; es oponerse a las Autoridades delos Sabios preale-

Definicion dela Naturaleza Universal.

Naturaleza Universal, y Providencia es lo mismo.

Negar que la Providencia, o Naturaleza Universal, sea Dios, es negar la Autoridad de David, y delos Sabios.

gados (*Arriba Pag.* 109, 111, 112.) Esta Providencia, o Naturaleza Universal es la que govierna, y provee el Mundo, y los efectos que nacen della, son el govierno, la produccion, y conservacion delas Criaturas Particulares, y estas no son Dios, sino sus Criaturas produzidas, conservadas, y dirigidas por su Providencia, y son V. G. las Nuves, la Lluvia, y la Yerva, que dize David.

Si. No comprehendo esta Dotrina por ninguna manera.

Re. Suponed que hay un Gran Monarca, que domina muchas Provincias y Reynos, a los quales quiere proveer todo lo necessario para su conservacion, y subsistencia. Este Monarca discurrirá entre si, diziendo, es menester embiar a tal provincia, para alimentarla este año, 100 mil sacos de trigo, A la otra hazerle canales, ductos, y poços, para que no le falte agua. A la otra 10 mil hombres, para distribuirlos en las guarniciones.

Exemplo.

Esta determinacion deste Monarca, llamase Providencia, y es el cuidado, que tiene en su imaginacion de proveer a aquellas provincias, Llegase

a

a executar lo que ha determinado, esta execucion llamasse Govierno, que es el efecto de aquella providencia, Con que es fuerça que reconozcais, que la resolucion tomada enla mente del Rey antes de executarla, es imanente, e inseparable del Rey, despues de executada queda tambien imanente, pero aparecen los efectos desta providencia del Monarca, que antes eran ocultos, e impenetrables. Siguese pues, que no devemos confundir el govierno, y direccion que son efectos, con la Providencia que es causa; sino distinguir, y dezir, que la Providencia de Dios, es aquella Sciencia, que Dios tiene en si, con la qual produze el efecto de proveer el mundo de todo lo necessario, y essa Sciencia, o Providencia, es Dios, Los efectos desta Providencia son colocar cada cosa en su puesto, señalarle su tiempo, tanto de nacimiento, como de duracion, &c.

Los efectos dela Providencia, son distintos, y separados dela misma Providencia, estos efectos se llaman Govierno.

Lo profundo, imenso, e imperscrutable desta santa, y divina Sciencia, lo propone Dios a Yiob. enel libro deste titulo, desdel Cap. 38. hasta el 42. Donde se colige una minima parte

Dios trata con Yiob de su Providencia.

parte delo que hay que admirar, y alabar en la incomprehenſible Sapiencia del Criador.

Si. En que eſtriba pues la diferencia de Tierra Santa, al Japon? pues quereis, y creeis que todo el Mundo ſe govierna por Dios?

Re. Quiero, y creo, lo que devo querer, y creer, y que quieren, y creen conmigo todos los hijos de Iſreal que tuvieron por padres, y maeſtros, los Santos Patriarcas, y tantos eminentes, y Santos Prophetas, quantos produxo nueſtra Nacion. Todos eſtos Maeſtros, y Nòs ſus Diſcipulos, y Decendienentes creieron, y profeſſaron, y creemos, y profeſſamos lo que tengo alegado, y lo que voy a alegar. En orden pues a la diferencia dela Providencia, el verſo, nos dà materia ſuficiente, para diſtinguir la diferencia que hay entre Tierra Santa, a otras. Dize pues enel Deuter. Cap. 11. ver. 13. תמיד עיני ה׳ אלהיך בה וגו׳ *Tierra que .A. tu Dios requerien a ella; Siempre los ojos de .A. tu Dios, en ella, deſdel principio del año, haſta el fin del año.* Eſto ſe entiende

entiende que Dios primero provee a Tierra Santa, y de ſus ſobras alimenta el reſto del mundo, como eſcrive el Jalcut פ׳ עקב O para alterar la ſentencia enel diſcurſo del año, ſea para bien, o para mal; como eſcriven en Ros Aſſinà, פ״א דף י״ז ע״ב o para aumentar los frutos aun deſpues que eſtan enel almazen; o para que ſuſtenten en poca cantidad, o tambien que ella ſea la primera a ſer proveida, como dize el Zohar פ׳ וירא דף ע׳ ע״ד o que ella ſe alimenta imediatamente, por mano de Dios, quando a las demas Tierras paſſa ſu alimento por ſegunda mano, no gozando de tan ſublime gracia, y prerogativa. Pero por las demas provincias, ſe determina en Roſaſſana irrevocablemente, lo que ha de ſuceder aquel año. Ademas que como Iſrael tiene un medio tan facil de grangrear la voluntad de Diós mediante la Contricion, o peticiones de Juſtos, ſus ſentencias ſon mucho mas facil, y mas frequentemente revocadas, que las de otras Naciones, las quales raras vezes tuvieron revelacion, y delas que la tuvieron, no me ocurre por aora ninguna

Diferencia entre Tierra ſanta a las demas comarcas en que conſiſte.

que

que se haiga sabido aprovechar dela ocasion, sino fue Nineué, y de particulares Parhò, y Nebuhadnezar,

Dividese en Universal y Particular.

Dividen nuestros Theologos la Providencia, en dos generos llamando una Universal, otra Particular. Esta division es legitima, y real, pero muy general, por que contiene otras subalternas, podiendose subdividir la Particular en algunas otras que comprehende, pero las omito por no seren necessarias a nuestro discurso. Esta Providencia General govierna con ciertas reglas fixas, imudables, e inalterables, que es lo que dize David enel Psalmo 148 *Fuero diò que no passe.* Y el Propheta Irmiau cap. 5 v. 23. *Puse arena termino a la mar esta tuto de siempre para que no lo passe.* Y enel Cap. 31. v. 35 *Assi dize .A. dan Sol para luz del dia, estatutos de Luna, y Estrellas para luz dela noche, &c.* Esta Providencia haze que anden los Astros, &c, Esta Providencia, provee las Criaturas que se conservan en especie, quando le contribuyen materia necessaria, que es el fuero que Dios tiene establecido restituyendo a los animales, por un

Povidencia Universal govierna con reglas fixas, e inalterables.

poco

poco de licor informe un perfecto animal cumplido, si es bruto, y si es hombre con su alma racional, Esta es universal, e igual a todas las Criaturas, y puedese con razon llamar השגחה כללית תמידית *i. e. Providencia Universal, Incessante, y Continua*; Y es el primer grado. El segundo grado de Providencia es la que llaman פרטית particular, y yo llamo.

El Autor la llama Providencia Universal incessante, y continua.

Si. No puedo admitir estas divisiones, y subdivisiones de Providencia, por que las juzgo escandalosas.

Re. Por que son escandalosas?

Si. Por que concediendo diversas Providencias, o diversos grados, y diferencias della, tantas seran las causas de donde proceden, y por consequencia se vendra a conceder, multiplicidad de Dioses.

Si concediendose diferentes grados de Providencias figuese que se conceda multiplicidad de Causas?

Re. Estraña consequencia por cierto, no sé de quien podeis haver aprendido esta vuestra Nueva Theologia, por que la de Israel que fue siempre una, muestra que hay mas de un grado de Providencia, fundada enel verso que dize תמיד עיני ה׳

Niegase, y pruevase lo contrario.

אלהיך בה וגו' *Tierra que .A. tu Dios requieren a ella, continuamente los ojos de .A. tu Dios en ella des del principio del año, y hasta fin del año.* Con que consta por esta autoridad, que Tierra Santa goza una prerogativa sobre todas las demas Tierras, que la constituie mas venerable, y mas apetecible, que qualquiera otra region del orbe. Esta division es abraçada de todos nuestros Autores Antiguos, y Modernos, y es uno de los principios solidos dela verdad que creemos, y professamos todos los hijos de Israel, y para que os conste lo falaz de vuestra imaginaria dotrina, deveis advertir que enel primer Cap. del libro intituludo Hessed Leabraham, חסד לאברהם su Autor que es docto, y grave, numera un exercito de Providencias. צבא ההשגחות y las haze casi innumerables.

Un grave Autor Cabalista supone muchos grados de Providencia.

Pero dexadme proseguir mi divivision, que despues os harè comprehender la verdad della, con un adequado exemplo. Digo pues, que el segundo grado de Providencia, es la que llamamos Particular השגחה פרטית

y

y yo añadiendole un adjectivo que determina, y especifica mas energicamente los efectos desta Providencia, la llamo *Providencia Particular Oculta* השגחה פרטית נסתרת או נעלמת

Segundo grado de Providencia, la llama el Autor Providencia Particular Oculta

Esta Santissima Providencia, obra por ciertos medios que parecen accidentales, o casuales, pero intrinsecamente son con cuidado, y fin mas particular que el ordinario, en beneficio de aquel Hombre, Pueblo, o Nacion, a quien Dios quiere favorecer, para darles bien, o para livrarlos de mal, Desta Providencia, se hallan innumerables exemplos enla Sagrada Escritura. Por esta Providencia, se dirigió el encuentro de Elihezer con Ribcàh, Esta introduxo un terror tan horrible enlos circunvezinos dela Ciudad de Sehèm, que no se atrevieron a insultar al Santo Patriarca Jahacob, ni a su familia, por el estrago hecho por Simhon, y Levi. Esta Santa, y cariñosa Providencia, jamàs se aparta delos Justos un solo punto, tanto en tiempo de felicidad, como de adversidad, alegrandolos en uno, y consortandolos en

Exemplos desta Providencia.

otro; Y assi estan siempre con el animo, y coraçon en Dios, creiendo que todo quanto les sucede de bien, o mal, sea effecto, y direccion desta Oculta Providencia.

Por que los Reyes pios de Israel empleavan medios humanos, para defenderse de sus enemigos?

Esta reflexion me ofrece materia de resolver una terrible objeccion que se pudiera mover contra nuestros Reyes Pios, y Santos, como David, Assáh, Jehossafat, Hizquiahu, y otros, los quales sabiendo, que en obrando bien no les havia de faltar el auxilio, y favor divino, en sus aprietos, y calamidades, y al opuesto obrando mal, eran inutiles, y vanas las diligencias humanas, emplearon tiempo, hombres, y tesoros en fortificar ciudades, fundar castillos, y juntar exercitos, puesto que siendo buenos eran totalmente superfluos, como lo exprimentò el pio Hizquiahu, que se viò amanecer 185. mil enemigos miserablemente muertos asus pies, sin haverle costado mas trabajo que un imaginario susto, y una devota oracion, Lo mismo se puede arguir contra Assà, de quien se lee enel Paralip. 2. Cap. 14. la portentosa vitoria que consiguiò sobre un millon de Etiopes, Lo mismo contra Jehossa-

Jehoſſafat, y aun con mas fuerça, pues ſu triunfo fue por un milagro patente, contra un inumerable exercito de Hamonitas, y Moabitas, como narra el miſmo Paralip. 2. Cap. 20. Si ſabian pues eſtos pios Reyes eſta verdad? ſi la creian? ſi la experimentavan? para que emplear inutilmente teſoros, hombres, y tiempo, quando todas eſtas precauciones eran ſuperfluas, ſiendo juſtos, y inutiles ſiendo malos? Eſte graviſſimo argumento ſe reſuelve con mucha facilidad, ponderando el modo, con que Dios favorece, con eſte ſegundo grado de Providencia Particular, y Oculta. Deveis pues notar, que no ſiempre Dios ſe empeña a hazer milagros, aunque el ſugeto para quien los pudiera hazer, tenga meritos para impetrarlos. Lo miſmo ſucede enlas peticiones delos Juſtos, que unas vezes hallan a Dios indulgente, otras inflexible, como vereis manifieſtamente en los exemplos, que voy a alegar. Quiere Dios eſtirpar a Iſrael por el enorme Bezerro, intercediò Moſeh, y conſiguió revocar la funeſta Sentencia, pero el miſmo Moſeh que la conſiguió aqui, no la pudo alcançar enla

Solucion.

Dios no haze ſiempre Milagros

enla ocasion delos Exploradores, ni tan poco pudo reuocar la Sentencia de muerte fulminada contra él, y mas era Moseh: Eliau con un resoluto juramento detuvo por muchos meses el rocio, y la lluvia, resuscitó un muerto, mandó dos vezes con precepto imperativo al Cielo, que arrojasse fuego, para quemar los Capitanes de Cinquenta con sus Esquadras, y fue imediatamente obedecido, Sin embargo, este Eminentissimo Profeta, y este Cortesano del Cielo, despues de haver mandado a la lluvia que no baxasse, tiene orden de Dios que evite la persecucion de Ahab, escondiendose enel arroio de Kerit. Para que se comprehenda pues esta importante Dotrina es necessario advertir, que todo esto que vemos, y llamamos Natural, quiere Dios que sea assi. Como por exemplo, el fuego quema por que Dios quiere que queme. Pero en la ocasion delos tres Moços Santos de Babilonia, revocò Dios esta ordenpor el tiempo que durò el milagro, Como pues no puede haver milagro sin revocar aquel estatuto que Dios tiene instituido, no quiere hazer milagros continuamente, para no revocar ſus ordenes tan frequentemente; Bien podia Dios pues ſalvar a Eliahu de Ahab, teniendolo a ſus ojos, o quitandole el livre aluedrio para aquel caſo, o embotando el corte, y la punta a las eſpadas, pero era revocar la Ley que ſu Divina Majeſtad impuſo, que en haviendo hierro afilado, que corte, y treſpaſſe, y no quiſo en aquella ſazon revocarla; El por que? puede ſer que nueſtros Cabaliſtas lo ſepan, pero ademas que para nueſtro propoſito, no es neceſſario referirlo, quando bien fuera, no havia yo de explicarlo, por que como ya os tengo dicho, hablo como Literaliſta, no como Cabaliſta. Como pues eſtes ſantos Reys ſabian, que Dios no ſe empeña a milagros, ſino es por motivos muy graves, y por perſonas de una extraordinaria, y caſi ſobrehumana, ſantidad, y piedad, unos deſconfiando de ſus merecimientos, otros por modeſtia, y otros por ambos eſtos motivos, no ſe querian exponer al rieſgo de una negativa, y aſſi valianſe delas precauciones humanas, fortificando ciudades, erigiendo torres, y

Por eſſa cauſa los Reyes Pios de Iſrael, ſe ſervian de medios Humanos.

y bastiones, y formando exercitos, confiados en Dios que facilmente, por su benigna misericordia, o por sus meritos les assistiria, con este segundo grado de Providencia Particular Oculta, mas facil de conseguirse que la Milagrosa. Esta santa Providencia nunca falto, ni faltarà en Israel, no tan solamente en lo general dela Nacion, mas ni tampoca en cada Kahal, y Kahal, como he visto, y experimentado inumerables vezes, en cinco, y seis Kehilot donde he assistido y tuve cierta noticia de otras, donde no me hallè, De forma que las Kehilot de Italia nuestras hermanas, en los maiores aprietos, levantan los ojos a Dios, y se hechan enlos braços de su santa misericordia, que nunca las desampararo, ni desempararara ni a todas las de mas de nuestro derramamiento, pues aunque pecamos, y ofendemos a nuestro gran Dios de Israel, es cierto que nunca en ninguno de nos, ni en general, ni en particular falto ni faltara, ni vacilo, ni vacilara la fixa, e inalterable confiança que tenemos en su santa Providencia, y divina Misericordia.

No hay Kehila que no experimente los benignos efectos desta Providencia

Como tambien en Particular.

Esta

Esta santa Providencia favorece tambien al particular, que tuviere firme confiança en ella, pues ademàs delo que cada uno puede experimentar en si, lo enseñan nuestros Antiguos, e infalibles Theologos en Nidà פרק ג׳ דף לא ע׳א Diziendo que tal vez, disponiendose dos hombres a un viage, nace al uno un obstaculo de enfermedad, o otro, que le impide lograr su intento, parte pues el Navio, con indicible pesadumbre del que no se pudo valer dela ocasion, que juzgava tan oportuna a su interes, Pero despues haviendo sabido, que el Navio quedó sumergido, dà gracias a Dios, que mediante su Oculta Providencia, lo salvò dessa muerte inevitable, y afirman que este favor que Dios suele hazer a quien lo merece, se significa enel verso, *Hazien maravillas grandes a sus solas.* עושה נפלאות גדולות לבדו Queriendo dezir, que ni el que recibe la gracia del milagro la reconoce. אפילו בעל הנס אינו מכיר בנסו Esta Providencia obra indiferentemente para castigo, y para premio, El premio queda explicado, El ca-

Como tambien el Particular.

ſtigo lo advierte el Rab D. Iſhac Abravanel en ſu comento ſobre Irmiahu, enel Cap. 2. Ver. 24. כל מבקשיה לא ייעפו בחדשה ימצאונה *Todos los que la buſcan* (entiende por nueſtra Nacion) *no ſe canſaràn, en ſu mes la hallarán.*

Dia de Tiſha Beab ſiempre funeſto a Iſrael.

Nota pues eſte inſigne, y eloquente Literaliſta, que el dia de Tiſhà Beab fue haziago a Iſrael deſdel Deſierto, por que en eſſe dia fulminò Dios la funeſta ſentencia contra los explorado-res, y todos ſus ſequaces que no entraſſen en Tierra Santa, En T. B. ſe deſtruyò la Primera Caſa; En T. B. ſe derrocó la Segunda, En T. B. ſe deſtruyó el famoſo Kahal de Alexandria de Egipto, conocido, y nombrado enel Talmud, por rico, y numeroſo; En T. B. fue el deſtierro de Yngalaterra; En T. B. el de Francia; En T. B. el de Eſpaña, Advirtiendo que enel edicto del deſtierro, el Rey mandó, que deſocupaſſen ſus Tierras al fin de tres meſes, los quales ſe vinieron a cumplir en T. B. que fuè el dia que ſalieron, con que ſe vió manifieſtamente, que el Rey dela Tierra, no fue mas que executor de una ſentencia ya decretada enel Cielo. El Kahal de Mantua es conſiderado en las K. K. de Italia entre los principales, noble, iluſtre, y venerable, por numeroſo, por rico, por ſabio, y por bien governado. Eſta Ciudad fue quitada por los Alemanes a ſu Duque Carlos, (que era tambien de Nivers en Francia,) la noche ſiguiente al 18 Julio de 1630, que fuè noche de Tiſhabeab del 5390. y me narro un viejo fidedignó delas principales familias deſſe Kahal, que ſe halló en eſſa calamidad, que el dia ſiguiente, que era el dia de T. B. deſterraron los Judios de Mantua, los quales padecieron hambre, peſte, y deſdichas del genero delas de nueſtros padres, quando ſalieron de Jeruſalem. Con que manifieſtamente ſe conoce, que eſtos fueron golpes dela Divina Providencia Oculta, para que reconozcamos ſu cuidado, y que deſtos caſtigos ſaquemos el conſuelo de ſaber, que Dios no nos deſampara, ni nos deſampararà en nueſtra eſclavitud.

La Tercera Providencia es la Milagroſa, enla qual no tengo que dilatarme, Tercera Providencia Milagroſa.

dilatarme, pues delo que he ya discurrido en estas conferencias, podeis inferir mi opinion.

Si. Acorda-os del exemplo, para evitar la multeplicidad.

Re. Teneis razon. Un Rey tiene Vasallos, Servidores, y Amigos. Bien reconoceis que el servidor es mas intrinseco que el Vasallo ; y el Amigo mucho mas intrinseco que el Servidor. Dize pues este Rey a los Vasallos, si me correspondiereis con una pequeña contribuicion, dentro de un año Yo os la restituirè a 40, u, 50, por uno. Al Servidor dize, aunque no tengas con que contribuir, yo te darè para contribuir, y despues te corresponderè como a los de mas, y aun con mas, si fuere necessario. Al Amigo finalmente dize, para ti no hay limite ni cosa determinada, si huvieres menester, ahi tienes tesoros a tu orden, y disposicion sirvete dellos como mejor te conviniere. Aqui teneis tres gracias concedidas por un solo Rey, a tres diferentes sugetos una muy superior a otra. Pregunto agora ; Por que son tres gracias distintas còncedidas a tres diferentes sugetos, dirèmos, o juzgaremos que procedan de tres Reyes diferentes?

Exemplo

Si.

Si. Quien dize esso? No por cierto; bien pueden todos essos favores proceder de un mismo Rey.

Re. Aplicad pues lo mismo que estais pronunciando á nuestra materia, y vereis que bien se le adapta, y como vuestra objeccion dela multiplicidad es totalmente vana, El Rey es Dios, cuios vassallos son generalmente los vivientes; entre estos hay servidores que son los Justos, y hay tambien amigos que llamaremos Santos. Dize el Rey á los vassallos, contribuid con poco, que yo os corresponderé con mucho. Dize Dios al hombre siembra un grano de trigo, que yo te restituirè 50, dentro de un año; Dize al marido exerce la copula con tu muger, contribuyendome materia, que yo te la restituirè al fin de 9 meses, mejorada en un hijo. Dize el Rey al criado, yo te darè para contribuir, tu me contribuiras la materia, como si fuera tuia, y yo te la restituirè mejorada como a los demas, y aun aventajada si fuere necessario. Abraham, y Sarah eran decrepitos incapaces de engendrar, por falta de materia que contribuir, remoçolos

Se aplica el exemplo.

çolos Dios, y dioles materia, contribuyeronla a Dios, y se la restituiò couvertida en nuestto Santo Patriarca Ishac. Para el mismo Abraham considerado enel fuego de caldeos, para un Moseh enel motin de Korah, para un Eliau en la resurrecion del Niño, y para todos estos, y otros pios, y santos como ellos, ni hay termino, ni limite, por que los tesoros delas gracias les quedan patentes para servirse, y aprovecharse dellos en tiempo, o ocasion oportuna.

Deste exemplo pues colegis, como estos tres grados de Providencia, provienen, y emanan del Unico, y Omnipotente Dios de Israel, el qual se muestra mas liberal, y prodigo en dispensar gracias, y mercedes, con el que se muestra mas zeloso, y mas solicito en servirlo, obedecerlo, y agradarlo.

Si. Admito, y confiesso todo lo que alegasteis dela Providencia, retrocediendo delo que dixe, que no hay mas que Una, pues la autoridad del Hessed Leabraham es suficiente. Pero quisiera saber como entendeis que obre esta Providencia? Pues enel Sermon

mon conſtantemente ſe afirmò, que Dios obra todo ſin declararſe, ſi obra mediata, o imediatamente?

Re. Vos miſmo os podiais ſatisfazer, con el exemplo del Pintor (*Pag.* 100) pues es tan adequado.

Pero ya que guſtais oyr mi opinion mas declaradamente, la manifeſtarè, Precediendo primero, que hay una notable diferencia entre las Sciencias Divinas a las Humanas, y es que enlas Humanas deve dirigir el Entendimiento, con ſus fundamentos Naturales que ſon Diſcurſo, y Experiencia. En las Divinas, el Entendimiento deve tambien dirigirnos, pero guiado delos fundamentos, y principios de nueſtra ſanta Ley, y Tradicion; De otro modo pueden ſer ſus premiſſas falſas, y ſus ilaciones vanas. Para bien explicarme me ſerviré del exemplo del Trigo, el qual ſe ſiembra en la Tierra, y en ſus ſazones acuden la lluvia y el ſol a hazerlo prolificar, y ſegun el Zohar precitado dela Peraſſa de Kedoſſim דף מ׳ ע״נ tiene ſu Angel que le obliga a florecer. Reparad quantas

Enlas Sciencias Humanas deve dirigir el Entendimiento Enlas Divinas el Entendimiento ſe deve dirgir por la Ley.

causas

causas segundas se interponen entre Dios, y el Trigo, La primera es la Tierra, La segunda la Lluvia, La tercera el Sol, la quarta, el Angel. Tenemos pues, del mundo espiritual el Angel, del esferico, el Sol, del elementar la Lluvia, y la Tierra.

Enel Zohar de Beressit דפוס לובלין דף י״א ע״ג se lee אין לך כל עשב ועשב כלמטה שאין עליו מלאך מלמעלה שומר אותו ומכהו ואומר לו גדל שנ׳ הידעת חקות שמים אם תשים משטרו בארץ La misma dotrina se confirma enel mismo Zohar de Semòt. דף ז׳ ע״א

En Beressit Rabà פ״י dizen, que no hay Ierva abaxo, que no tenga un Astro enel Cielo, que no la obligue a crecer. א״ר סימון אין לך כל עשב ועשב שאין לו מזל ברקיע מכה אותו ואומר לו גדל הה״ד הידעת חקות שמים אם תשים משטרו בארץ לשון שוטר Con que segun el Divino Zohar, el Angel haze crecer la Ierva, segun el Beressit Rabah, el Astro, Si bien, no se contradizen, por que el Zohar tomó la causa mas activa, aunque mas remota, y el Bereſſit Rabah, la proxima aun que menos activa. Sea como fuere, por eſtas dos Autoridades parece, que no es Dios el que inmediatamente ſaca el pan de la Tierra, pues eſto que agora es pan fue antes ierva, y como tal la ſacò el Angel de la Tierra ſegun las tres citadas autoridades del Zohar, y ſin embargo dezimos *Bendito tu .A. ſacàn pan dela Tierra*, atribuyendo a Dios la accion que triplicadamente afirma el Zohar, emanar del Angel. Ergo aun que haygan muchas ſegundas cauſas interpueſtas entre Dios, y la accion prefectiva, y ultima dela Criatura, y que eſſas ſegundas cauſas concurran cada una parcialmente, como la Tierra ſirviendo de utero, la Lluvia de diſponer el grano a la putrefaccion, el Sol a la fermentacion, y finalmente el Angel a introduzirle el Alma Vegetativa como os tengo explicado, (*Pag.* 96.) ſin embargo ſe atribuye la accion a Dios, ſin hazer cuenta, ni mencion de las ſegundas cauſas, Ergo puede, o por mejor dezir deve el Iſraelita atribuir todo a Dios, ſin reparar que haygan inumerables ſegundas cauſas

Aunque el Zohar dize que el Angel haze ſalir la ierva, enla Bendicion ſe atribuye a Dios.

internuestas. Reparad pues, si se puede haver errado enel Sermon, ni en la Tefilá, afirmando que lo que dizen vulgarmente que haze la Naturaleza, lo haze Dios? Pues assi nos ordenan, y mandan dezir nuestros Santos Antecessores, por que si se preguntare quien sicó este pan dela Tierra? se respondería vulgarmente que la Naturaleza, pero la Bendicion dize que Dios lo sicó, no la Naturaleza. En Berahot פ״ט דף נ״ח ע״ב mandan, que viendo alguna persona deforme, digamos. *Bendito el que muda las Criaturas.* No hay duda que si consultaramos los Philosophos, y Medicos sobre essa deformidad, si fuere falta de miembro, afirmaran haver faltado el esperma? Si fuere mala conformacion, como la cara disformemente chata, o los braços formados como alas, o rostros de brutos, diran que falto la virtud formatriz, y los mas discretos lo atribuiran a alguna violenta compression, o caida, Sin embargo viendo estos, o semejantes, con ser patente que son efectos Naturales, nos mandan atribuirlos a Dios, Ergo todo devese atribuir a su Divino poder

Aunque las causas delos Monstruos parezcan Naturales, enla Bendicion se atribuyen a Dios.

der, y voluntad, y nada a ſegundas cauſas, aunque ſean viſibles, y parezcan imediatas; Y no vale dezir que la Bendicion, *Mudán las Criaturas.* se ordenò por la eſpecie delos Monſtruos, por que fuera de que el entendimiento no puede perſuadirſe a creer, que Dios hayga criado Monſtruos, pues Adam y Havà es fuerça que fueſſen extremadamente hermoſos, pues fueron formados por la ſanta mano de Dios. Aſſi lo afirma R. Jehoſuah hijo de Levy en Roſaſſana פ'ק דף י'א ע"א ſegun la explicacion de Toſſafot. Siguefe pues que la Bendicion del monſtruo es por eſte monſtruo individual, no por la eſpecie criada en los ſeis dias, pues Dios no crió monſtruos entonces. Ergo eſte monſtruo forçoſamente lo crio Dios, y ſi Dios cria preſentemente los monſtruos, cria tambien lo perfecto, El Alma pues que todo vivifica, todo mueve, y todo govierna, es Dios, y aſſi lo entienden nueſtros Prophetas, y Sabios. Poco importa pues que entendais otra coſa, pues no he de receder dela Santa Dotrina clara, y patente de nueſtros Padres, y Maeſtros, para ſeguir vueſtros dudoſos eſcrupulos, y vueſtras vacilantes opiniones.

Dios no crio Monſtruos enlos ſeis primeros dias

S.

Si. Passemos a otro. Queda-os todavia de responder a la Autoridad del Zohar de ayer (*Pag.* 19.) que dize que la Naturaleza del mundo no se mudó; donde se infiere que hay Naturaleza Universal? טבעיה דעלמא לא אשתני

Re. Sois tan confuso en vuestras ideas, que no sé quien os pueda entender. Queriais primero mostrar que hay Naturaleza particular por el Maamar de Beressit Rabáh פ״ה p. 4. quando quedasteis convencido, que Dios no habló con la Naturaleza particular delas Criaturas nombradas enel Maamar, por que no estavan criadas, empleasteis el tiempo en arguir contra la proposicion del sermon, que no entendisteis. Pretendiais provar que la Naturaleza era una Criatura delos seis primeros Dias; os mostré vuestras implicaciones, retorciendo los argumentos que hizisteis sobre el Sermon, contra vos, en forma de dilema, de modo que quedasteis convencido. Ultimamente, despues de haver afirmado que no sabeis que haiga Naturaleza Universal, queriais entender que fuesse el el *Sar Aholam*, reiectè pues essa opinion como absurda, provè que era Dios, por quantas autenticas autoridades era possible, y agora bolveis con el Maamar del Zohar? Para livrarme pues de vuestras repetidas instancias digo en pocas palavras, que si pretendeis provar por èl la Naturaleza Universal, es inutil, pues alli habla del higado, y del Coraçon, que son Naturalezas particulares. זהר דפוס לובלין פ׳ תולדות יצחק דף פ׳ב ע׳א Si pretendeis provar la Naturaleza particular, es superfluo, pues nunca se negó, ni enla Yessivà, ni enel Sermon, ni en estas dos Conferencias que hemos tenido en este Campo.

Si. Yo os provè por el Verso, *Que criò Dios para hazer.* (*Pag.* 33.) que Dios diò facultad a la Naturaleza para que de suio obrasse, repugnasteis mi exposicion, pero no manifestasteis la vuestra; Me parece pues justo, que suplais agora, lo que faltasteis entonces.

Verdadera explicacion del Verso *Que crio Dios para hazer.*

Re. Es muy puesto en razon. Digo pues que explicando vos el Verso por la Naturaleza, y queriendo que se entienda אשר ברא אלהים לעשות אשר ברא אלהים כדי שיעשה הטבע לעתיד

Que

Que criò Dios para que la Naturaleza obrasse en futuro, es fuera del sentido literal del verso, enel qual no hay otro nominativo que *Elohim*, a quien es fuerça que tenga relacion el לעשות *Para hazer.*

Si. No entiendo.

Re. Aora entendereis. Quiere dezir, reposó Dios de toda su obra que crió, para ir el mismo Dios prosiguiendo a hazer. Con esta explicacion aprendemos dos cosas. Una es, que Dios no criô V. G la primera higuera, para que no prolificasse, y que quedasse aquella higuera perpetuamente sola, mas criò para que se hizieran otras, y estas hechas por él. Conque el genuino, y legetimo sentido del verso es, que criò Dios para ir haziendo, y obrando èl. Explicando deste modo, no hay dificultad; Pero si dezis que se deve entender, que crió Dios, para que la Naturaleza fuera obrando, os preguntarán donde està enel Verso essa Naturaleza? היכא רמיזא

Alo que no teneis que responder, Pero siguiendo mi explicacion, teneis *Elohim Dios*, que es el Nominativo Agente que rige todo el verso, y dize entonces

Y

Y santifico al dia de Sabat, por que enél reposo de toda su obra que crió Dios, para ir él mismo haziendo.

Esta explicacion se conforma con las Bendiciones delos frutos, con el Verso Cubrien Cielos con nuves, con lo que cree, y professa el pueblo de Israel, y con la Dotrina que se enseñó enla Yessiva, y se predicó enel Sermon.

Si. Pareceme quedar satisfecho; Pero deseo toda via saber, por que aborreceis tanto este nombre de *Naturaleza Universal*? y por que le professais tanta adversion? que parece, segun he colegido destas nuestras conferencias, que os causa horror, oyendola nombrar?

Devese reiectar elnombre de *Naturaleza Universal* Y por que?

Re. Cierto que me causa gravissimo horror, como dezis, con mucha razon; Por que veo que por nuestro descuido, se van insensiblemente olvidando de nos las devotas phrases, y con ellas los pios dogmas, que heredamos de nuestros Antiguos. Ya oysteis, que David dize, que Dios cubre los Cielos con nuves, &c. Que Dios haze decender el Rocio, &c. Que los Sabios del Talmud enseñan que Dios haze soplar los Vientos, &c. Eñ aquellos felices, y de-

devotos ſiglos pues no ſe dudava, como ſe llega a dudar oy, ſi Dios dió facultad ala Naturaleza, para que obraſſe con independencia, mas todo ſe attribuya a Dios, tanto lo que obra mediata, como immediatamente. Enlos ſiglos mas proximos alos nueſtros, lo que nueſtros Viejos llamavan Dios, llamavan ellos השגחה *Hasgabà Providencia.* Y degenerando cada dia mas, llegóſſe a corromper y mudar el nombre *Hasgabà en Tebah* טבע *o Providencia en Naturaleza.* Y quedò eſte nombre *Tebah* tan inſinuado, que aunque por ſi, no ſignificaſſe mas que Naturaleza individual, y ſi tal vez ſe llegava a concebirſe como eſpecifica, o generica, no era mas que conſiderada colectivamente, Deſpues andando el tiempo, y grangeando eſte nombre quotidianamente credito, ſe empeçó a formar en las ideas delos hombres, un simulacro, o idolo, con grave daño de los Entendimientos, y Almas, Y aſſi recelo no proceda de aqui el detrimento a nueſtra ſanta Religion, que ſucedió ya en tiempos antiguos.

En los Modernos ſiglos ſe atribuye ala *Naturaleza*, lo que en los Antiguos ſe atribuya ala *Providencia.*

Si. No sè de que tiempo precisamente hablais. *Re.*

Re. Bien os es manifiesto el funesto estrago de Almas, y Cuerpos, que causó en nuestra Nacion el maldito, y detestable *Bahal*, Es tambien manifiesto, que el nombre *Bahal*, es equivoco, pues significa *Marido*, y significa tambien un *Idolo* llamado por esse nombre. El culto deste maldito *Bahal*, perseverò arraigado en Israel hasta el fin del primer Templo. Pusieron todo su conato los Pios Reyes, para extirpar este execrable Idolo, pero no hazian mas que suspender hasta el successor, si era bueno, se proseguia la suspension, si malo, se reincidia en la Idolatria, El propheta Eliahu hizo mucho, pero no pudo conseguir mas, que una penitencia momentanea, y la muerte delos 400 Prophetas del *Bahal*, que no bastó para que de alli a pocos años, no se hallasse una gran tropa dellos, la qual estermino Yehù con el estratagema que se lee en Reyes 2. Cap. 10. mas ni tampoco quedó estirpado. El Propheta Hoseah dize enel Ca. 2. que quiere Dios arrancar, y borrar este nombre *Bahal*, dela memoria de Israel, y assi quando solia llamar a Dios *Bahal*, *Mar-*

El nombre *Babal* equivoco, y sin embargo, aborrecido de Dios.

Marido, dize Dios, que quiere que se sirva del otro sinonomo *Is* איש que significa lo mismo. והיה ביום ההוא נאם ה׳ תקראי אישי ולא תקראי לי עוד בעלי y aunque el nombre de *Bahal*, significando *Marido*, es bueno, y significando *Idolo* es malo, quiere Dios que para que se aniquile el malo se olvide el bueno. El nombre *Naturaleza* por si, no tiene ningun mal, ni repugna a la Santa Ley de Moseh, si quien lo pronunciara, entendiera su verdadera significacion; Pero como no todos los que lo pronuncian, lo entienden, forman primero ideas falsas, y dessas despues proposiciones muy perjudiciales, y Contrarias a la verdad que professa Israel, exponiendo para sustentarla Hazienda, Hijos, y vida. Dessas proposiciones, se forma despues el *Idolo Naturaleza*, a quien si no doblan las rodillas del cuerpo, doblan las del entendimiento, considerandola Sabia, y Discreta, Potente, y Sagaz, Vigilante, y Activa, Benefactriz, y Provida, y assi insensiblemente se le agregan los atributos solamente al verdadero Dios aplicables; y finalmente, se reduzen a lo que dezian

El nombre *Naturaleza Universal* mas pernicioso que el *Bahal*, Y por que?

zian los Idolatras de *Jebezquel*, Cap. 9. v. 9. עזב ה' את הארץ אין ה' רואה *Dexò .A. ala tiera, no .A. vè.*

Quanto mas pernicioso sea el Nombre *Naturaleza*, que el de *Bahal*, es facil de provar, por que ya entonces huvo un Eliahu, que a fuerça de un irrepugnable, y portentoso Milagro, desengaño al Ciego Pueblo, hizolo postrar en Tierra, y confessar dos vezes, para mas confirmacion que solo .A. es Dios. Pero agora que por nuestros graves pecados, ni tenemos Prophetas, ni tenemos Milagros, quien estirpará este nuevo, y mas pernicioso *Bahal*? quien derribarà este *Idolo*? quien serà la Potente piedra sin manos, que desmenuzarà este horrible *Simulacro*? El divino R. Simhon Ben Yohay nara enel Zoar,

דפוס לובלין פ' בראשית דף מ'ו ע'א

que la Gente del Diluvio entendian escapar dèl, persuadiendose que los Angeles deputados eran dueños delas Criaturas, que estavan debaxo de su deputacion. Rabenu Moseh escrive enel principio del Cap. 1. de su Tratado do de *Havodà Zarà*, que en tiempo de Enós se introduxo la Idolatria, y se olvidó el Verdadero Culto, por admirar, atribuir poder a las Segundas Causas.

Los Predicadores deven atribuyr todo a Dios y nada a Segundas Causas:

Para evitar pues semejantes tropieços, y precipicios, deven guardarse los Predicadores y con mayor cuidado, si tienen el ministerio del Kahal a su cargo, de atribuir poder, ni vigor a Segundas Causas, sino todo a la Primera, que es el Verdadero, y Unico .A. Dios de Israel, qual se sirva alumbrarnos con su Santissima Ley, encaminarnos en sus Santissimas sendas, y livíarnos de ofenderlo, con obras, con palavras, ni con pensamiento, El disponga nuestro coraçon a Adorarlo, Servirlo, y Santificarlo, como nos corre de Obligacion.

Si. Assi permita su Divina Misericordia. *AMEN.*

ת ו ש ל ב ע

FIN.

INDICE

DELO

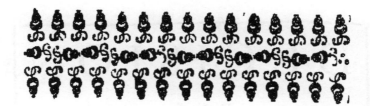

Contenido en este Libro.

DECISION

DEL

Senor HH. Haſſalem. *M.A.A.B.D*

R. M. R. Zevi Aſquenazi,

con ſu BET DIN, ſobre el Problema

SI NATURALEZA, y DIOS, y DIOS,

y NATURALEZA es todo uno? Segun

lo predicò el Senor H. H. R.

DAVID NIETO en el K. K. de

LONDRES.

En 23 de Kiſlea 5464.

EN LONDRES.

5472.

BENIGNO LECTOR.

SI en Elul del ano passado 5464, *leyste en dos dilatados Dialogos, la explicacion del censurado Problema;* SI NATURALEZA, Y DIOS, Y DIOS, Y NATURALEZA *es todo uno? enel presente Elul deste ano* 5465: *lo leeras aprovado, y aplaudido enestas dos breves, y succintas cartas, que te ofrezco; una que consulta, y otra que determina.*

Las

Las gracias deves dirigirlas a los muy Ilustres Senores del Mahamad; cuya incomparable vigilancia inquirio el mas docto Sabio, y el mas excelente Maestro, que venera nuestro siglo; para experimentar si con tan autorizada decision, sossiegan las consciencias hasta agora agitadas. Entre muchos sujetos que el desvelo ofrecio para este objecto, se determino preferir el Eruditissimo, Doctissimo, y Excelentissimo, senor H. H. R. *Zevy Asquenazy; por que concurriendo enel mucha sciencia, mucha agudeza, y mucha piedad; y por corona destas, y*

otras

otras ſingulares virtudes, una inflexible conſtancia enel juzgar, parecio a dichos Senores, que no podian hallar columna mas ſolida, a quien apoyar aſſumpto de tanto peſo. Aſſi lo premeditaron, aſſi lo reſolvieron, y aſſi lo executaron, como veras en eſtos fieles tranſlados; cuyos originales ſe conſervan en el archivo de dichos Senores para ſatisfaccion delos que deſearen verlos. Y para que ſe pueda mas facilmente cotejar el Hebraico con el Vulgar, ſe divide la Carta del dicho Senor H. H. *en paragraphos numerados: advirtiendo, que ſi hallares alguna dureza en*

la

la traduccion, deves corteſmente compadecerla; pues la gran diſtancia delos dos Idiomas, uno Oriental, y otro Occidental, no permite tranſladarlos de forma, que parezcan identificados. Vale.

[illegible] dole [illegible] [illegible]

[illegible] Medina [illegible]

[illegible] of the [illegible]

Solomon Mendes [illegible]

Joseph Israel Henriques

[illegible] H Love

London 29 January 14[illegible]

[illegible]

The Lord our God in his [illegible] [illegible] bestowed of his wisdom to his [illegible] they communicating them [illegible] to the ignorant, & distribute it to [those] who stand in need of it

[It] is undoubtedly for this, that you [illegible] an observer of the [illegible] [illegible] teach by the example [illegible] virtue, persuade by your sweet [illegible] & by your great erudition enlighten the understanding of the ignorant

[In]dubitably likewise for this, that [illegible] God to know every thing [illegible] seeing what a faithful Minister [illegible]

would have in you Sir, has so bountifully bestowed on you Devotion, Knowledge, Zeal & Virtue.

Therefore we having the good fortune of having full information of the incomparable good qualities that combine in so worthy person, it is not very surprising that we come to seek you Sir in our [illegible] with the assurance that you will admit the justice we intreat, until your [illegible] renowned candour & integrity

The case Sir is this

On the 23 Kislev 5464 R. H H R. David Nieto preached for us a most elegant sermon, in which he expressed the doctrine that appears in the enclosed paper.

At the time it pleased the major part of the congregation, but some Yehidim considering badly of it, censured it, after many squables, presented us a [illegible] of which the enclosed is a true copy (& such attested by our Gabay) in which they meet us to make the enquiry of the Beth Din of Israel; whether the words of the said Sermon are contrary to the Law of God, or not?

And although our H.H. does not agree to the express words contained in the said Petition, we [illegible] from his style being elevated for this decision he did not decline [illegible] in as much, that by the sentence the peace we stand in need of may be acquired.

[illegible] reasons induce us to give you this molestation, [illegible] the [illegible] knowledge of your [illegible] [illegible] [illegible] ardently, we [illegible] to [illegible] [illegible] [illegible] [illegible] [illegible] the [illegible] of the said [illegible] [illegible] to [illegible] [illegible] of God or not? on the [illegible] [illegible]

[illegible] for us the sentence of your [illegible] will have as much weight as [illegible] [illegible] by the highest Beth Din [illegible] [illegible] the opposition [illegible]

[illegible] [illegible] [illegible] [illegible] [illegible] [illegible]

[illegible] [illegible] [illegible] [illegible] [illegible] [illegible] reputed [illegible] [illegible]

[illegible] [illegible] [illegible] [illegible] you [illegible] [illegible]

[illegible] [illegible], [illegible] [illegible] likewise) [illegible] [illegible] you

[illegible] [illegible] you would be pleased to appoint

[illegible] [illegible] [illegible] who jointly sir with you

should sign the decision. Thereby the evil

would be done away with, the controversy

[illegible] & truth established.

Wherefore we hope for it from you sir alone

which we do not doubt will have the desired

effect, & we shall for ever be much obliged [illegible]

[illegible] since we can only hope for a remedy

[illegible] [illegible] evil from your pious, devout, & hard [illegible]

[illegible] as the greatest of all good is peace, the

greatest misfortune is undoubtedly the contrary

May God ever make you sir the worthy

[illegible] [illegible] to establish it, & preserve it, [illegible]

many years for the increase of his holy Law

Your obsequious servant

By order of the Gentlemen of the [illegible] [illegible]

Moses de Medina

Gabay.

[illegible]

Grand [illegible]

[illegible] Wardens [illegible]

[illegible] of the Holy Congregation of [illegible]

[illegible]

[illegible] by adding to the answer that [illegible]

[illegible] regard to the declaration we present [illegible]

[illegible] day

[illegible] declare & manifest herewith, that our [illegible] intention was, never will be to [illegible] [illegible] peace. And if on the present occasion we [illegible] not agree with the rest it is because [illegible] doctrine preached from the Pulpit by the [illegible] David Nieto, appeared to us bad, [illegible] [illegible] the Holy Law

[illegible] therefore Gentlemen we request you will [illegible] [illegible] to send to enquire of some [illegible] [illegible] Israel, that its decision & opinion of the [illegible] of the doctrine may be published, that [illegible] [illegible] may know, whether the doctrine [illegible] delivered is conformable to our Holy Law [illegible] [illegible] words alluded to are as follows

[illegible] 23rd Tishri 5424 [illegible] [illegible]
[illegible] November 1763 [illegible] [illegible] Hand
[illegible] H.H. [illegible] [illegible] Meldo pronounced the
[illegible] following doctrine

[illegible] say, that I said in the Yesiba that
God & Nature, & Nature & God, is the sa[me]
[I] acknowledge I said so, affirm it & will
[illegible] it since being I[illegible] confesses it [illegible]
[Ps]. 147. "Sing unto the Lord with thanksgiv[ing]
Who covereth the heaven with cloud[s]
Who prepareth rain for the earth;
Who maketh the mountains produ[ce]
grass &c"

[illegible] Inquisitive to know, (Attention [illegible]
[illegible] [illegible] the principal point of our relig[ion]
that the name of טבע Nature was [illegible]
[illegible] [illegible] [illegible] 200 or 500 years [illegible]
[illegible] [illegible] [illegible] [illegible] [illegible] [illegible]
[illegible] [illegible] [illegible] [illegible] [illegible]
[illegible] [illegible] [illegible] the law to [illegible]

[illegible] it is to be [illegible] God performs all
[illegible] [illegible] call Nature, so that [illegible] [illegible]
that what they call Nature is Providence
that [illegible] God & Nature, & Nature & God [illegible]

... to form ... ated, ...
... do not believe it are the ...
... in expecting ... you will ...
... of the praise, ...
this holy Congregation, ...
... offering ... without ...
... while.
May God direct the whole for the ... of
his name, & preserve & prosper you for
many happy Years, to be ever ...
... actions &c

London 25th ...

The undersigned ... of the ...
... of Shaar Ashamaim ...
above to be a true & exact copy of the ...
... by the Gentlemen who ... to the
... of the ... at ... who
... in my possession

Moses de Medina

London 2... 5465

We the undersigned declare that we are
... acquainted with the signature of ...
Medina from having ...

sign & attest the above to be a true [illegible]
& that now he is moving as a copy of the [illegible]
Commission which God Brother. [illegible]
have signed with our hands, date as above

Abraham [illegible] [illegible],

Joseph [illegible]

Copia da Carta escrita ao Senhor H. H. ZEVI, *por o Senhor* MOSSEH *de* MEDINA GABAY *da Zedaca, por ordem dos Senhores Parnassim.*

SELOMOH MENDES *Presidente.*
e YOSEPH ISRAEL HENRIQUES.

Londres. A 29 Tamuz 5465.

SEnhor; Repartiu Deos nosso Senhor, por sua imensa bondade, de sua Sciencia, a seus escolhidos, para que elles imitandoó, fizessem o mesmo com quem ignora, e a distribuissem a quem careçe della. He por isso sem duvida, que S. M. como taõ devoto, e observante dos Divinos mandatos insina com o Exemplo de sua muita Virtude, persuade com sua doce persuasiua, e aclara o, juiso dos ignorantes com sua muita Erudiçao, e he tambem por isso sem duvida, que antevendo o mesmo Deos (como a quem tudo lhe hé presente,) quaõ fiel Ministro havia de ter en S. M. lhe distribuiu com tanta largueza, Devaçao,

Sciençia

Sciençia Zelo, e Virtude; com que tendo nòs boã fortuna de ter mui largas noticias das incomparaveis boas partes, que juntas concorrem na digna pessoa de S. M, naõ he muito de admirar vamos buscar a S. M. por nosso Juiz, com a seguridade que nos acompanha de que nos administrarà a Justiça, que lhe suplicamos com sua acostumada candidez, e integridade.

Sendo o caso, Senhor, que em 23 Kisleu 5464, nos fez o Senhor nosso H. H. R. David Netto, hum elegantissimo Sermaõ, em que expressou a Doutrina que parece do papel incluso, a qual a o passo que satisfez a mayor parte deste Kahál, soou mal nos ouvidos de alguns Yehidim que lha censuraraõ, e depois de muitos lançes, nos presentarao hua petiçao, de que a inclusa he verdadeira copia; (e por tal vay atestada por nosso Gabay) em que nos suplicaõ fazamos perguntar as palavras de dito Sermao, a algum Beth Din de Ysrael, se sao contrarias a Ley de Deos ou naõ? E inda que o Senhor nosso H. H. naõ cede que as palavras expressas que contem ditta petiçao sao suas, (por seu estilo ser mais levantado) para este julgado as conheçe por taes, para com a Sentença ver de a querir a Paz, que por este cano

care-

carecemos. Muitas saõ as razoens por que damos a S. M. este enfado; e como a principal hé as alegadas de sua sobrada sciencia, e muita bondade, nos atrevemos a pedir a S. M. com todas as veras, se sirva dar hua Sentença difinitiva as espaldas de ditta petiçao, Se a Doutrina contida nella he, ou nao, contraria a Ley de Deos? com a mayor clareza possivel. E inda que para nos, a sentença de S. M. sò, teria o mesmo lugar que se fosse promulgada pello mayor Beth Din de Ysrael, como tememos que os mal dizentes vaõ mais fundanos em Odio que em Zelo, e elles pedirem seja julgada ditta Doutrina por Beth Din; parecendolhe a S. M. e sendo muito com seo gosto, (e nao de outro modo) bem estimaramos se sevisse S. M. apontar dous Bahalè Toráh, para que juntos com S. M. firmassem a sentença, e com ella ficaria dessipada a maldade, emmudecida a controversia, e establecida a verdade. Em falta a esperamos de S. M. sò, que naõ duvidadamos tenha o dezejado effeito, e nos ficaremos em eterna obrigaçaõ a bondade de S. M. pois sò de sua Pia, Devota, e Benigna maõ, podemos esperar remedio a nosso mal. E assim como o mayor de todos os bens hé a Paz, nao tem duvida ser o contrario

trario, o mayor infortunio. Faça Deos ſempre a S. M. digno Inſtrumento de a eſtablecer e o guarde por os dilatados annos que pode, para augmento de ſua Santa Ley.

Obſequioſo Servidor de S. M. que S. M. B.

Por ordem dos Senhores de Mahamad.

Mosseh de Medina Gabay.

Copia dela Peticion de 13. Firmados.

Muy Iluſtres Senores Parnaſſim, y Gabay del K. K. de Sahar Aſſamaim.

OBedeciendo al deſpacho, que Vms. dieron a la Declaracion que preſentamos el Domingo paſſado, manifeſtamos y declaramos en la preſente, que nueſtro deſignio fuè, y ſerà ſiempre buſcar, y ſolicitar la Paz; y ſi en la ocaſion preſente no acordamos con los demas, fue por havernos parecido mala la Doctrina que predicó el

Señor

Señor H. H. en la Tebáh, y contra nueſtra Santa Ley; por lo qual ſuplicamos a Vms. ſe ſirvan mandar preguntar las palabras del Sermon a algun Beth Din de Yſrael, para que con ſu Determinacion ſe publique ſu parecer, y ſepan todos ſi dicha Doctrina predicada es conforme nueſtra ſanta Ley, o no? y las palabras predicadas ſon las ſiguientes.

En 23 de *Kiſleu* año de 5464, que correſponde a 20 de Noviembre, eſtilo viejo, de 1703. en la *Peraſſa* de *Vaieſeb Jahacob*, dixo el Señor *H. H.R.* David Nieto en ſu Sermon, la ſiguiente Doctrina.

Dizen, que he dicho en la Jeſſiuà, que Dios, y Naturaleza, y Naturaleza, y Dios es todo uno, Digo que aſſi lo dixe, lo afirmo y lo provarê; pues el Rey David lo confirma enel Pſalmo 147. Cantad a. A. con manifeſtacion; El que cubre cielos con nuves, el que apareja a la tierra lluvia, el que haze produzir a montes yerua, &c. Pero es meneſter ſaber (Atencion Judios, por que es el Principal punto de nueſtra Religion) que eſte nombre de *Tebah*, Naturaleza, es inuentado por nueſtros Authores modernos de 400 a 500 años a eſta parte, pues no ſe halla en nueſtros Sabios antiguos, ſinó que Dios Bendito haze ſoplar

plar el viento, Dios haze baxar la lluvia, y Dios haze bolar el roçio ; de donde se infiere, que Dios haze, todo aquello que los modernos llaman Naturaleza, de manera que Naturaleza no hay : y assi aquello que es Providencia que llaman *Tebah*, Naturaleza, es lo que dixe, que Dios y Naturaleza, y Naturaleza, y Dios es todo uno ; Esta Doctrina es Devota, Pia, y Santa, y los que no la creyeren, ellos son Hereges, y ellos son Atheistas.

Haziendo Vmds. esta diligencia, serán instrumento de la paz, concordia, y tranquilidad deste *K. K.*, que es la summa de todas las Bendiciones ; pues sin ella, no es ningun bien perfecto. Permita Dios encaminar todo para honra, y gloria de su nombre, y a Vmds-guarde, y prospere muchos, y felices años, para que siempre se ocupen en obras meritorias, &c.

Londres a 25 Tebeth 5465,

Eu abaixo firmado Gabay do K. K. de Sabar Hassamaim, declaro por a verdade, ser a de sima huma exacta Copia da petisao presentada pellos Senhores Firmados, a os Senhores do Mahamad cujo original fica em meu poder.

MOSSEH *de* MEDINA GABAY.

Lon-

Londres 29 Tamuz. 5465.

Nos abaixo assignados declaramos, conhecer muy bem a firma de MOSSEH *de* MEDINA, *por havela visto muy diversas vezes, e atestamos ser a de sima a verdadeira firma de sua mao; e que agora esta servindo de Gabay a este K. K. que Deos prospere; e por verdade a firmamos de nossa mao, no dia, e Anno acima*

ABRAHAM LEVI XIMENES.

JOSEPH MUSAPHIA.

RESPUESTA

DEL

Señor H.H. Hasſalem. *M.A.A.B.D*

R. M. R. Zevi Aſquenazi,

con ſu BETDIN, a la Carta delos muy Iluſtres Señores del Mahamad,

Traduzida de nueſtro Santo Idioma Hebraico al Vulgar Eſpañol.

Sobreſcrito dela Carta.

A mano del Muy Iluſtre Señor, por buena Fama, y Encomio, MOSSEH de MEDINA, Gabay del K. K. de Sahar Aſamaim, dela gran Ciudad de LONDRES, que Dios conſerve. Amen.

Segunda Edicion.

EN LONDRES: 5472.

העתק האגרת

שכתב החכם השלם נ״י ע״ה פ״ה כמוה״רר
צבי אשכנזי נר״ו אב״ד ור״מ בק״ק
אלטנא יע״א למעלת פרנסי ק״ק ספרדים שער
השמים לעיר לונדריש יע״א :

על גבי הכתב

ל״יד הגביר המרומם ונעלה לשם טוב
ולתהלה כה״ר משה די מדינה ה״י גבאי
בק״ק שער השמים אשר בעיר הגדולה
לונדריש יע״א :

נדפס שנית

לונדריש התעב

Senores Altos, Rectos, y Perfectos, Governantes, y Rectores, del K K. Sahar Haſſamaim. que Dios Guarde, enla gran Ciudad de *Londres*, Les mande Dios Bendicion, Vida, y Paz, de agora, y haſta ſiempre.

I.

LA eſtimada Carta de Vmds. que requiere la palavra de Dios, para Ley y para Doctrina, me animò, y me ſacó de mi determinacion, para reſponder

ſobre

הגבירים הרמים ישרים
ותמימים פרנסי
ומנהיגי ק"ק שער השמים
יע"א אשר בעיר הגדולה
לונדריש יצו ה' אתכם את
הברכה חיים ושלום מעתה
ועד עולם

א

אגרתם החמודה דורשת דבר ה'
לתורה ולתעודה היא
כבדתני ומגרדי הוציאתני לענות על
ריב

ſobre un Pleyto, que no ſabia, eſpiculandolo: Porque aſſi ſomos mandados: Buſca Paz, y ſiguela. Y eſte es el reſumo de la pregunta de Vmds.

2.

El Señor H. H. R. David Nieto, que Dios guarde, Preſidente del Beth Din, y Maeſtro enel K. K. de Sahar Haſſamaim, predicò un Sermon en la Eſnoga, cuyo tenor es el ſiguiente, traduzido del Ydioma vulgar, a nueſtra ſagrada Lengua.

3.

Dizen que he dicho en la Jeſſiuá, que Dios, y Naturaleza, y Naturaleza, y Dios es todo uno, Digo que aſſi lo dixe, lo afirmo, y lo provaré, pues el Rey David lo confirma enel Pſalmo 147. Cantad a. A. con manifeſtacion. El que cubre cielos con nuves, el que apareja a la tierra lluvia, el que haze produzir a montes yerua, &c. Pero es meneſter ſaber (Atencion Judios, por que es el principal punto de nueſtra Religion) que eſte nombre de *Tebah*, Naturaleza, es inuentado por nueſtros Authores modernos de 400. a 500. años a eſta parte, pues no ſe halla en nueſtros Sabios antiguos ſinò, que Dios Bendito haze ſoplar el viento, Dios haze bajar la lluvia, y Dios haze bolar el roçio, de donde ſe infiere, que Dios

ריב לא ידעתי אחקרהו כי כן נצטוינו בקש שלום ורדפהו : וזה תורף שאלתכ :

ב

החכם המרומם ונעלה כמ"הר דוד ניטו נר"ו אב"ד ומורה צדק בק"ק שער השמים דרש בבית הכנסת דרוש זה תארו מועתק מלשון לעז ללשוננו הקדושה :

ג

אומרים שאמרתי בישיבה שה' יתברך והטבע והטבע והש"ית הכל אחד אומר אני שכך אמרתי ואני מקיימו ואכריחנו מאחר שדוד המלך מקיימו במזמור קמ"ז ענו לה' בתודה וגו' המכסה שמים בעבים המכין לארץ מטר המצמיח הרים הציר וגו' אבל צריך לידע (הטו אזניכם יהודים מפני שהוא העיקר הראשון מאמונתנו) ששם טבע הוא מהמצאת האחרונים מזמן ת' או ת"ק שנה סמוך לזמננו מאחר שאינו מצוי בדברי הכמינו הקדמונים ז"ל אלא שהק"בה משיב הרוח והוא ית' מוריד הגשם והוא ית' מ ריח ה מללים מזה מוכרח שהק"בה

Dios haze, todo aquello que los modernos llaman Naturaleza, de manera que Naturaleza no hay: y assi aquello que es Providencia que llaman *Tebah*, Naturaleza, es la que dixe, que Dios, y Naturaleza, y Naturaleza, y Dios es todo uno, Esta Doctrina es Devota, Pia, y Santa, y los que no lo creyeren, ellos son Hereges, y ellos son Atheistas.

Hasta aqui el Sermon.

Y hay quien se quexa dèl, diziendo, que es Blasphemia contra Dios.

Apologia

Del Senor H. H. *que Dios Guarde.*

4.

Es publico, y notorio, que nuves, lluvia, y yerva, son Naturalezas Particulares. Es cierto tambiem, que el que cubre, no es la cosa con que se cubre, Luego, si yo quisiera provar, que Naturalezas particulares son Dios, jamas pudiera provar tal cosa, ni delas palavras del Psalmista, ni delas palavras de nuestros Maestros de *F.* M, por que

שהקב"ה עושה כל אותם הענינים שהאחרונים קוראים טבע באופן שטבע אין בעולם ואותו הדבר שהיא ההשגחה היא שקוראים טבע וזהו שאמרתי שאלהים והטבע והטבע והאלהים הכל אחד : דעה זו היא ישרה חסידה וקדושה ואשר לא יאמינו בה הם קראי' ואפיקורוסים : עד כאן . ויש עליו עוררים לאמר כי סרה דבר על ה' :

וזה התנצלות החכם המרומם נר"ו

ד

דבר ידוע ומפורסם שהעבים והמטר והצמחים הם טבעים פרטיים ועוד ידוע שהמכסה אינו הכיסוי עצמו אם כן איפוא אילו היה רצוני להכריח שהטבעים פרטיים הם אלהים מעולם לא היה שום הכרח לדבר זה לא מדברי המשורר ולא מדברי רבותינו ז"ל מפני שהמזמור אומר שהאלהים מכסה שמים

que el Psalmo dize, que Dios cubre los cielos con nuves, no dize, que es nuve; y nuestros Sabios dizen, que Dios Bendito haze soplar el viento, no dizen que es viento, *Has vessalom*; con que patentemente se ve, que mi intencion es provar, que la causa, que cubre los cielos, y haze soplar los vientos, no es la Naturaleza, sinò es Dios. Y por que los Hombres atribuyen estas acciones a la Naturaleza, yo les alumbro los ojos, con pruevas evidentes, las quales enseñan, que lo que ellos atribuyen a la Naturaleza, tenemos nós obligacion, de atribuyrlo a Dios Bendito, Ergo se infiere, que no se habló de Naturaleza Particulares.

5.

Haviendo pues mostrado, que forçosamente se hablò de Naturaleza Universal, y no de Particulares, siguese, que quando se dize despues, Naturaleza no hay, en absoluto, la intencion es, por la Universal; la qual en verdad, no es sino Dios Bendito; el qual comprehende todo, y haze todo.

6.

Y lo que dixe, que la Providencia, que es

שמים בעב״ש ואינו אומר שהא׳דים הוא עב
העגן וחז״ל אומרים שהקדוש ב״ה משיב
הרוח ואינם אומרים חלילה שהוא הרוח ממילא
נשמע בבירור שכוונתי היא להכריח שהסיבה
המכסה שמים ומפרחת רוחות איננה הטבע אלא
הק״בה ומפני שהאנשים מכנים אל הפעולות
ומיחסים אותם אל הטבע אני מאיר עיניהם
בראיות ברורות המוכיחות שמה שהם מיחסים
אל הטבע מחויבים אנחנו ליחסו אל הש״ית יצא
מזה שלא נדבר מטבעים הפרטיים :

ה

ואחר שהכרחנו שדברינו היו בטבע הכולל ולא בטבעים הפרטיים אם
כן כשאמרנו סתם טבע איננו בעולם כוונתנו אל
הטבע הכולל כל המציאות שהוא באמת איננו
זולתו יתעלה הכולל הכל ועושה כל:

ו

וזהו שאמרתי שההשגחה שהוא אותו
הדבר

es aquello, que los Modernos llaman Naturaleza, es Dios, quiere dezir, que la Providencia de Dios, y Dios Bendito, es todo una misma cosa, de manera que, quize enseñar a los Hombres, y advertirles, que no confundan las obras de Dios Bendito con las obras dela Naturaleza Particular, porque la gente dize, que la Naturaleza haze baxar la lluvia, y el rocio, y el Rey David, y nuestros Sabios de F. M. dizen, que Dios es el que haze todas estas cosas; y assi digo, que aquello que dixe, que la Naturaleza es Dios, entiendo por aquella cosa, que provee, y haze todas las cosas, y los Hombres inventaron de su capricho, diziendo, que la Naturaleza es la que lo haze.

7.

Y lo que dixe, que esta Doctrina es Pia y santa, lo pruevo, y lo confirmo de nuevo; por que della aprendemos, que el Señor Bendito, rige, govierna, y sustenta su mundo, y no como aquellos, que dan su honor a otra cosa, y atribuyen estas acciones a una Naturaleza Universal, fuera de Dios Bendito, dela qual opinion Dios nos livre. Aqui termina la Apologia. Diganos su Mahalà, que le parece deste Sermon?

Re

הדבר שהאחרונים קוראים אותו טבע הוא האלדים רצוני שהשגחתו ית׳ והוא ית׳ הכל אחד באופן שרציתי להורות האנשים ולהזהירם בל יערבו מעשה הש״ית עם מעשי הטבעים הפרטיים מפני שהאנשים אומרים שהטבע הוא המוריד גשמים ומחדיר טללים ורת״עה וח״זל אומרים שהאדים הוא העושה כל אלו וכך אני אומר שאותו הדבר שאמרתי שהטבע הוא האדים רצוני בשביל אותו הדבר שהוא המשגיח ועושה כל והאנשים בדי מלבם לומר שהטבע הוא העושה :

ז

ומה שאמרתי שלימוד זה הוא צדיק וישר אני מכריזו ומקיימו מחדש שממנו למדנו שהק׳ברה מנהיג זן ומפרנס עולמו ולא כאותן הנותנים כבודו לאחר ומיחסים פעולות אלו לטבע כולל חוץ ממנו ית׳ חלילה : עד כאן :

יורנו המורה מה משפט הדרוש :

תשובה

Respuesta.

8.

Yo veo que las palavras del Señor *H.H.* que Dios guarde, son las mismas del Cuzary enel Tratado primero, Paragrapho 76, y 77. Y su Commentador elRab R. Jehudah Moscato, despues de muchas suposiciones, escrive estas palavras.

Y Dios Bendito se llama verdaderamente Naturaleza, como se dize alla: por ser que El imprime con su sello, todas las Formas delas Criaturas, Esta es la opinion delos Bienaventurados, Sabios quando Dizen, que Dios sustenta desde los mayores Animales, hasta los minimos, &c.

9.

Y damos muchas gracias al Señor H. H. que D. G. que con saber (por lo que oymos,) la opinion delos Philosophos, que tratan de la Naturaleza, aborreció lo malo y escogiò lo bueno, que es la sentencia, y opinion delos Santos, y las palavras delos Pios de nuestro pueblo de F. M. que dizen

תשובה

ח

רואה אני את החכם המרומם ונעלה נר״ו שהם הם דברי הכוזרי במאמר א׳ סימן ע״ו וע״ז ומפרשו מהר״ר יהודה מוסקאטו אחרי הצעות רבות כתב ז״ל והוא ית׳ יקרא טבע באמת כמוזכר שמה להיותו טובע בחותמו כל מטבעות היצורים וזו היא דעת המאושרים באמרם שהקב״ה יושב וזן מקרני ראמים ועד ביצי כנים וכו׳ ע״ש :

ט

ואפריין נמטייה להחכם הדורש ה׳ ישמרהו שעם היותו כאשר שמענו יודע דעת הפילוסופי׳ האומרים בטבע מאס ברע ובחר בטוב טעם ודעת קדושים דברי חסידי עמנו האומרים

dizen, que todo es por Providencia de Dios Bendito.

10

Pero yo oigo, y no entiendo las murmuraciones delos que se quexan dêl. Si es por que dize, que no hay Naturaleza Universal, sino es Dios, e imaginan ser esto detrimento, y menoscabo dela honra del Rey de Reyes delos Reyes, Santo, y Bendito, que obra sin medio? sepan que los que buscan medio para la Naturaleza, y govierno Universal, estan proximos a caer enla red de muchos tropieços; lo que no es assi, en los que creen enla Providencia de Dios Bendito, en qual quiera cosa, que por donde quiera que vayan, van seguros.

11.

Y si acaso imaginan, que las palavras, que predicó el H. H. que D. G. son sobre la Naturaleza Particular; como el calor del fuego, y la humedad del agua, y quieren cargar en sus palavras, que dellas tomadas generalmente; se entiende, que la cosa, que calienta, o humedece es Dios, esta es una cosa, que no deve sospecharse de ningun

האומרים שהכל בהשגחה מאתו יתברך:

ט

ואני שמעתי ולא אבין תלונות העוררים עליו' אם מצד היותו אומר שאין שם טבע כולל .כל המציאות זולתו ית' וחשבו זה לפחיתות וגרעון כבודו של מלך מלכי המלכים הק"בה שיפעול בלתי אמצעי ידעו כי המבקשים אמצעות לטבע ולהנרגה הכוללת קרובים ליפול ברשת כמה מכשולות מה שאין כן במאמיני השגחת הש"ית בכל דבר בכל אשר יפנו ילכו בטח:

יא

ואם חשבו שדברי החכם הדורש ה"י ע"ד הטבע הפרטי כגון חמום האש ולחלוחית המים ורצו להעמיס בדבריו שמכללם יובן שאותו הדבר המחמם או המלחלח הוא האלקות זהו דבר שאין לחשוד בו שום כסיל ובער אשר

בכל

gun loco, ni torpe de quantos Atheistas hay enel mundo, mayormente de un Sabio, y entendido del Pueblo de Dios, que cree en Dios Bendito, y en su santa Ley. Y tanto mas, quanto las palavras del Sermon, son por si claras, y patentes, (sin *Necessitar de Apologia,*) por que circundan sobre el centro del govierno Universal, diziendo, que Dios Bendito haze todo aquello, que los Modernos llaman Naturaleza, &c. Y nadie podrá dudar enesto, sino fuere algun Sophistico, o Caviloso.

12.

Y si juzgan, que no es decente apellidar a las obras de Dios Bendito, con el nombre de Naturaleza, pareciendoles, que es deteriorar el honor del Señor Bendito, y alavado sea su Santo Nombre, que razon tienen de esclamar contra el Predicador, que D. G. o de quexarse del con tanto estrepito? quando el Rab Grande, y Eminente, claro en Sciencia, y en Piedad, el Rab Yesahyáh Levy de F M. en su famoso libro *Sene Luhot Haberit*, que fue recebido con amor en todo el derramamiento de Israel, escrive, (enel principio de su Libro enel Cap. intitulado *Bait Ajaron*, en nombre del Autor del *Havodat Akodes*, que fue un Rab grande Español, conocido por

בכל הכופרים שבעולם כל שכן חכם ונבון בעם
המאמינים בהש״ית ובתורתו הקדושה כל שכן
וקל וחומר שדברי הדורש ברורים ומפורשים
מבלי צורך אל ההתנצלות שהם סובבים על
קוטב ההנהגה הכוללת באמרו אלא שהק״בה
עושה כל אותן הענינים וכו׳ ולא יפקפק בזה
אלא מעקש ומהתל:

י״ב

ואם חשבו שלא יתכן לכנות מעשה הש״ית
ויתעלה בשם טבע וחשבוה לגרעון
בכבודו של מקום ישתבח ויתעלה מה להם כי
נזעקו על הדורש ה״י וקראו אחריו מלא הנה הרב
הגדול הגאון הידוע בחכמה ובחסידות כמ״הרר
ישעיה הלוי זצ״ל בספרו המפורסם שני לוחות
הברית אשר נתקבל באהבה בכל תפוצות ישראל
כתב בתחלת ספרו בפרק הנקרא בית אחרון
בשם הרב בעל עבודת הקדש אשר היה רב גדול
ספרדי מפורס׳ בחכמה ובחסידות וספריו נתפשטו
בכל

por ſu Sciencia, y piedad y ſus Libros ſon comunes en toda la Tierra, que el premio delos que obſervan los preceptos de Dios, y la pena de los que los quebrantan ſon Naturales, y en eſto convienen todos los que tienen ojos para conſiderar la Sciencia de la KABALA, como ſe alarga el dicho Pio H. H. en ſu Libro, qual no es neceſſario copiarlo aqui, ſiendo facil hallarlo, y verlo.

13.

Aſſi tambien, lo que ſuelen dezir todos los Eſcolaſticos, y Sabios Cabaliſtas, que la voluntad, y el fin de la Criacion fue, por que la Naturaleza del Bueno es hazer bien; conviene con las palabras del H. H. Luego ſegun eſto las quexas deſtos hombres, no ſon contra el dicho H. H; ſino contra los Sabios Cabaliſtas, Santos del Cielo por cuya Doctrina nos governamos. Pero en fin la verdad es, que no hay aqui lugar de quexa, por ninguna manera; por que el Nombre de Tebàh Naturaleza, que ſe dize de Dios Bendito, no ſignifica lo miſmo que lo de Tebah Naturaleza particular, que obra neceſſariamente; ſino ſe entiende la determinacion y voluntad del Rey Santo con buen fundamento, y eſto es claro.

בכל הארץ כי שכר עושה מצות ה׳ ועונש העובר עליהם הם טבעיים ובזה הסכימו כל אשר עינים לו ויראה בחכמת האמת כאשר האריך הרב החסיד בספרו אין צורך להעתיקו יפה כי הוא מצוי וקל לעיין בו ·

י״ג

ובכן מה ששגור בפי כל המעיינים ובפי כל חכמי האמת כי חפץ ורצון הבריאה היתה כי מטבע הטוב להטיב מסכים לדברי החכם הדורש אם כן איפוא לא על החכם הדורש הנזכר תלונות האנשים ההם כי אם על כל חכמי האמת קדושי עליון אשר מפיהם אנו חיין לא שאין כאן מקום ערעור בכלל כי מלת טבע הנאמרת בו ית׳ אינה כמלת טבע פרטי הפועל בהכרח לא חפץ ורצון המלך הקדוש בטעם נכון וזה ברור :

באופן

14.

De manera que, hemos menester agradecer al Señor H. H. R. DAVID NIETO, que D. G. por el Sermon que predico, para advertir al pueblo que no se dexen llevar dela opinion delos Philosophos, que hablan dela Naturaleza, por que della salen muchos daños, y le alumbrò los ojos con nuestra verdadera Creencia, que es, que todo viene dela Providencia de Dios Bendito, Y digo pue Dios le fortifique la fuerça, y el valor, y todo el que imaginàre mal dél despues de haver visto estas palavras, sospecho que incurra en pecado.

15.

Y con ser todas estas cosas claras, y patentes, y que no han menester corroboracion, para quitar la ocasion a qualquiera murmurador, o contestador, quize juntar con migo dos delos principales Hahamim de nuestra ciudad; y despues de discurrir, acordamos todos tres, sobre todas las cosas arriba dichas, que son verdaderas, y justas.

En

יד

באופן שצריכין אנו להחזיק טובה להחכם הכולל המרומם כמה״רר דוד ניטו ה״י על הדרשה שדרש להזהיר את העם לבל יטו לבבם אחרי דעת הפילוסופים האומרים בטבע כי ממנו יצאו תקלות רבות והאיר עיניהם באמינתנו האמיתית שהכל בהשגחה מאתו ית׳ ואמינא יישר כחו וחילו וכל המהרהר אחריו אחרי רואו דברינו אה חוששני לו מחטאת:

טו

ועם היות כל או דברים ברורים ופשוטים אינן צריכים חיזוק לבטל כל עורר וטוען רציתי לצרף עמי שנים מן החכמים המובהקים שבעירנו יע״א ואחרי המשא ומתן הסכמנו שלשתנו על כל הדברים האמורים למעלה שהן אמת וצדק פה אלטנא יע׳א יום ו׳

En Altana Dia de Viernes. 17. *Menahem.*
465. *por menor numero.*

ZEVY HIJO DEL H. H. JAHACOB

ASQUENAZY De F. M.

SELOMOH HIJO De NATAN.

ARYEH HIJOH DEL H. H. SIMHA

DEL K. K. DE VILNA.

FIN.

Impresso por mandado delos Muy Illustres Señores del Mahamad, del K. K. de Sahar Hassamaim de Londres, Que Dios prospere, y aumente.

AMEN.

ו׳ ט״ו מנחם שנת תכ״ה לפ״ק :
צבי בכמ״הרר יעקב זל״הה אשכנזי :
ונאם שלמה בן הר״ר נתן ז״ל :
ונאם אריה בא״א מה״רר שמחה מק״ק ווילנא ס״ט.

תם

Lightning Source UK Ltd.
Milton Keynes UK
UKHW030617300819
348826UK00007B/784/P

9 781140 812357